DOUGLAS GOMES FILHO

A CULPA É DO MEU CONTADOR

1º EDIÇÃO

Será? Tudo o que um empreendedor precisa conhecer para transformar essa relação numa verdadeira parceria estratégica!

Um guia com as principais informações a respeito da Contabilidade e do seu negócio.

São Paulo
Douglas Gomes Filho
2019

DEDICATÓRIA

Dedico este livro a Juliana minha esposa, que me apoiou nessa jornada, aos meus 3 amados filhos, Vinicius, Verônica e Vicenzo, e aos meus queridos pais, Douglas e Jane.

PREFÁCIO

Escrevi este livro para ajudar empresários e empreendedores a estabelecer uma relação de mais valor com a contabilidade e com o seu contador. Durante todos os anos de minha carreira, a frase que mais ouvi ao atender clientes foi: "A culpa é do meu contador que...".

Por ouvir muitas reclamações sobre aquele que deveria ser um parceiro estratégico do empresário, resolvi escrever um livro que pudesse explicar como essa relação pode ser melhor e se tornar estratégica para o empresário.

Durante meus 30 anos de experiência trabalhando na área, fui abordado centenas de vezes com situações das mais inusitadas possíveis e que poderiam ter sido evitadas se os empresários tomassem alguns cuidados e/ou tivessem um pouco mais de informação sobre as premissas dessa relação com seu contador.

Movido por esse sentimento de querer ajudar o empresário brasileiro, que já sofre com tantas dificuldades e desafios no seu dia a dia, comecei a compilar uma serie de informações que entendo serem necessárias para que a gestão do seu negócio pudesse ser melhor, assim como sua relação com o contador pudesse mudar de uma simples relação de prestação de serviço para uma relação mais estratégica e inteligente.

Tentei, neste livro, alertar os empresários sobre os principais cuidados acerca dessa relação, esclarecer quais são suas responsabilidades e direitos, como estabelecer uma relação mais profissional e clara com seu contador, e trazendo também junto ao conteúdo esses meus 30 anos de experiência na área.

Além da contabilidade, tive experiência com o mercado financeiro, onde atuei como executivo de banco em áreas de investimento e de planejamento estratégico, além de uma série de especializações em instituições no Brasil e no exterior que fiz ao longo da minha carreira. Toda essa bagagem me deu conforto e me fez acreditar que eu teria muito a contribuir escrevendo este livro.

Por essas razões, acredito que este livro, além de auxiliar os empresários a conhecer um pouco mais sobre o universo da contabilidade e estabelecer uma relação mais estratégica com seu contador, pode trazer insights para a gestão do seu negócio ou uma reflexão sobre seu modelo de atuação com o mercado.

Espero que, ao final desta leitura, eu possa ter contribuído de alguma maneira para que você se torne um empresário melhor e que sua empresa se torne cada dia mais fortalecida.

Boa leitura!

SUMÁRIO

PARTE A

PARTE B

PARTE C

Uma Breve Reflexão

INTRODUÇÃO

Antes de mais nada quero te dar uma dica de como ler este livro para que a leitura seja proveitosa e não fique cansativa.

Na PARTE A do livro trato sobre questões técnicas, responsabilidades e como você deve estabelecer a relação com a contabilidade. Em vários momentos nesta parte do livro eu relaciono informações que podem tornar a leitura cansativa e pouco produtiva, mas que são importantes.

Minha sugestão, caso você não tenha interesse em conhecer os detalhes, é que você pule essas listas e use-as apenas como um manual de consulta quando precisar.

Esses detalhes são importantes, porém técnicos e chatos. Meu interesse não é que você se torne um contador mas sim que você entenda o contexto geral, os conceitos envolvidos e que tenha uma visão mais estratégica, porém a informação esta a sua disposição sempre que precisar.

Na PARTE B do livro falo sobre questões operacionais e que são importante para o bom funcionamento da sua empresa ou negocio. Esta parte eu sugiro uma leitura completa e uma reflexão sobre cada um dos tópicos.

Na PARTE C do livro eu trato sobre planejamento e estratégia dentro da empresa. Essa é a parte que eu mais gosto do livro pois nela você vai entender como começar a pensar seu negócios de forma mais estratégica, para depois partir para um plano tático em busca dos seus objetivos.

Agora quero iniciar este livro fazendo uma pequena reflexão sobre o universo que envolve a contabilidade e os negócios. Mas antes vamos relembrar que não vivemos no mundo de Poliana e, como tal, temos que partir da premissa de que existem profissionais bons e profissionais ruins atuando como contadores, clientes, fornecedores, empreendedores, e nas mais diversas posições profissionais possíveis.

O que eu quero dizer com bom ou ruim não se refere a um juízo de valor sobre o indivíduo, mas sim sobre o nível de conhecimento dos profissionais, o modelo de gestão que cada um adota no seu negócio, e principalmente sobre o modelo comportamental desse profissional no momento em que representa um desses papeis.

Usando essa PREMISSA, sabemos que, ao contratar um profissional, um dos fatores mais relevantes dessa contratação é compartilhar valores semelhantes com quem se está contratando, para que essa parceria funcione. Não espere de um profissional com valores "duvidosos" que ele seja austero no cuidado do seu negócio, assim como não queira ter um profissional austero se você mesmo não segue esse modelo. Voltando ao contador, ainda quando se fala sobre contabilidade, a imagem que se forma sobre esse universo perambula sobre amontoados de caixas e profissionais antiquados e estereotipados, mas quando entramos de fato nesse universo nos deparamos com uma realidade inversamente proporcional aos estereótipos de costume. Entender a existência dessa dinâmica faz com que a reflexão entre o mundo dos negócios e a contabilidade adquira um novo significado.

Desde que iniciei minha vida profissional, aos 16 anos de idade, tendo pai contador e professor da matéria, eu ouvi a seguinte definição sobre contabilidade: CONTABILIDADE É A LÍNGUA DOS NEGÓCIOS E QUEM QUER SER EMPRESÁRIO OU EXECUTIVO, PRECISA ENTENDER ESSA LÍNGUA!

Com esse mantra em mente, foi inevitável eu me formar em contabilidade para poder seguir como administrador de empresas e buscar minha carreira como executivo.

Quando entrei na faculdade de administração de empresas, veio a voz da experiência (voz da experiência = PAI) e me disse num tom um tanto quanto incisivo: SE SUA ESCOLHA É SER ADMINISTRADOR, PRECISA ENTENDER A LÍNGUA...

Bom... tinha acabado de passar no vestibular de Administração de Empresas e lá fui eu prestar vestibular para Contabilidade. Estudando Administração de Empresas no período diurno e Contabilidade no período noturno, comecei a entender o significado das colocações de meu pai e comecei a perceber a enorme distância que havia entre administradores de empresas e contadores.

Como era possível existir dois mundos tão diferentes em comportamento, em linguagem e em interpretação num mesmo ecossistema?

Desde então, passei a estudar cada perfil profissional e compreender que os drives motivacionais eram conflitantes, apesar de serem necessariamente complementares.

O drive principal de um contador é seguir as regras, e o de um administrador ou empreendedor é quebrar as regras e reinventar a dinâmica das coisas.

Mas se Contabilidade é a língua dos negócios, como integrar universos em conflito?

Depois de quase 30 anos vivendo nesse ambiente, posso dizer hoje com convicção que é fundamental a qualquer empresário ou empreendedor conhecer os fundamentos dessa língua e a dinâmica dos profissionais de Contabilidade para que esses dois universos se correlacionem. E por que tem que ser o empresário a entender esse universo e não o inverso? Acredito que bons contadores já fazem isso e se tornam cada dia melhores, então é preciso que os empreendedores também comecem a entender para que a relação seja de sucesso.

E, posso garantir, você só tem a ganhar com isso!

Usando o paralelo de um jogo de futebol, a reflexão que eu quero fazer é que um jogador de futebol não pode entrar em campo sem conhecer as regras do jogo. Ele não precisa ser o arbitro, e entender em profundidade todo o regulamento, mas obrigatoriamente precisa saber as regras e os fundamentos básicos; e se estamos falando de negócios, a contabilidade se torna manual obrigatório!

Se um jogador de futebol profissional não pode entrar em campo sem conhecer as regras do jogo, vale entender que um empreendedor profissional também não deveria entrar no campo dos negócios sem conhecer as regras.

Não quero com essa afirmação, de maneira alguma, eximir a responsabilidade técnica dos profissionais de contabilidade, muito pelo contrário, afinal, nós, contadores, estudamos para exercer nossa profissão, porém, ignorar as regras do jogo faz de você um refém. Usando mais essa regra básica como PREMISSA, vou fazer outro paralelo. Se você precisa tratar de um problema de saúde, você busca os melhores profissionais que estejam ao seu alcance para tratá-lo certo? Você também não precisa ser médico para saber que, de forma geral, bons hábitos preservam sua saúde!

> *"Os clientes não vêm em primeiro lugar. O seu time vem em primeiro lugar. Se você cuidar do seu time, eles cuidarão dos seus clientes"*
>
> *Richard Branson*
> *Fundador Virgin Group*

Com a saúde da sua empresa funciona da mesma maneira e, como eu já disse, em todas as áreas existem bons e maus profissionais. Se você se preocupa com a saúde da sua empresa, precisa saber as regras básicas, ter bons hábitos e procurar bons profissionais para cuidar dela. Já ouvi, e ouço ainda, muita reclamação sobre a prestação de serviços na área contábil, ao mesmo tempo percebo, por parte do empresário, um desconhecimento gigantesco sobre as regras básicas para manter a empresa saudável. Veja, quando me refiro à saúde da empresa, não estou aqui querendo dizer que existe uma receita de bolo para que qualquer empresa seja bem-sucedida, isso não existe. Mas, a partir do momento em que você decidiu ser um empresário, precisa entender quais são as suas responsabilidades e que, ao delegar parte de suas obrigações a terceiros, precisa estar ciente de fazer as escolhas corretas, pois você delega as obrigações, mas nunca a responsabilidade.

O que eu quero dizer com isso? Quero dizer que você é o responsável pelos profissionais que contrata, sendo assim, para poder contratar bem, precisa saber contratar, ainda mais alguém que vai cuidar de uma área tão estratégica no seu negócio como é o caso da contabilidade. Não construa sua empresa como um castelo de cartas. Empresas duradouras e de sucesso investem e se aliam a bons profissionais, principalmente em contabilidade. Historicamente os contadores sempre tiveram um papel de bastidores, onde apenas débito e crédito era sua linguagem, e sempre foram estereotipados por aquele profissional de quepe e óculos que era chamado de guarda-livros.

Atualmente, com a evolução tecnológica, com a evolução do nível e da velocidade das informações, com registros contábeis digitais, as informações que antes serviam apenas de registro histórico passaram a ser diferenciais competitivos. Isto fez o contador sair dos bastidores e passar a ser um profissional estratégico e ativo no cenário dos negócios.

Vivemos atualmente num mundo disruptivo, com ferramentas revolucionárias, com modelos de gestão e negócios cada vez mais eficientes e rápidos, com tecnologias mudando nosso modo de nos relacionar com o mundo a todo tempo, mas existe um fundamento que não muda e esse fundamento é a saúde do seu negócio, e o diagnóstico de qualquer negócio é dado através de sua contabilidade.

Desde Luca Pacioli, que é considerado o pai da contabilidade moderna, que a forma de se registar a saúde econômica e financeira da sua empresa não muda. Estamos falando de meados do ano de 1477... ou seja, mais de 570 anos atrás! Fazendo essa reflexão, entendo o doutrinamento do meu pai, quando ele dizia que a contabilidade era uma língua!

Como em todas as profissões, sempre existirão os bons e os maus profissionais, e toda empresa de sucesso sabe da importância e o que representa ter profissionais capacitados em sua equipe. Ter um bom contador (que sabe falar essa língua) é investir numa grande fonte de informações, num estrategista dos números, e consequentemente ajudar a cuidar da saúde dos seus negócios, afinal, estamos vivendo a era da informação, e você ter um contador que saiba transformar informação em conhecimento, para você tomar decisões, torna-se estratégico! O contador precisa fazer parte do seu time!

ESPAÇO PARA ANOTAÇÕES

Parte A

COMO FUNCIONA ESSA RELAÇÃO ENTRE VOCÊ (EMPRESÁRIO) E SEU CONTADOR!

ENTENDENDO O CENÁRIO EM QUE SEU NEGÓCIO ESTÁ INSERIDO E QUAIS SÃO SUAS OBRIGAÇÕES E RESPONSABILIDADES COMO EMPRESÁRIO.

CONTADOR

A CULPA É DO MEU CONTADOR?

Antes de iniciarmos os capítulos deste livro, vamos esclarecer essa pergunta: a culpa é mesmo do seu contador? Se você ainda pensa que os problemas que sua empresa enfrenta em relação ao pagamento de impostos, gestão das obrigações acessórias, estratégia tributária, societária ou qualquer outro assunto é exclusivamente do seu contador, vou apresentar um ponto de vista diferente para que você reflita.

Primeiro, vamos esclarecer um ponto importante, que por mais óbvio que seja, muitas vezes parece esquecido: Contador não cria leis ou regulamentos, quem os cria são nossos legisladores e nossos reguladores. Contador não discute as regras, ele as cumpre. Por mais que ele não concorde com elas, não é prerrogativa dele questioná-las ou desobedecê-las. Esse papel é do advogado. Contador pode e deve ser um estrategista que, junto com o empreendedor, vai buscar alternativas legais para a saúde e crescimento da sua empresa. Como já disse anteriormente, não é possível que um jogador de futebol entre em campo sem conhecer as regras do jogo, certo?

Então vamos deixar clara a relação de responsabilidade que existe entre você (sua empresa) e seu contador (ou escritório).

Quando falo sobre responsabilidade, é muito importante esclarecer, principalmente sobre as questões fiscais e tributárias, que o CONTRIBUINTE perante os órgãos reguladores é a sua empresa.

Entenda como CONTRIBUINTE aquele que deve impostos e obrigações ao Estado.

Sendo assim, a responsabilidade direta acerca das informações aos órgãos fiscalizadores é sua e não do seu contador ou do escritório que presta os serviços. Quero dizer com isso que quem responde ao Governo pelos impostos e pelas obrigações é a sua empresa. O contador tem co-responsabilidade.

Isso não quer dizer que o contador não tenha responsabilidade nenhuma sobre o que ele faz, porém, trata-se de uma responsabilidade indireta e às vezes subjetiva e, dependendo da forma como você ou sua empresa se relaciona com esse profissional, esse vínculo torna-se muito frágil.

Olhando por esse prisma, é importante deixar muito claro que ser um empresário ou um empreendedor exige de você uma postura responsável no que tange à contratação dos profissionais que irão cuidar da sua empresa, ou seja, é necessário conhecer, estudar e avaliar quais são os jogadores que farão parte do seu time.

A reflexão que eu faço aqui é que você precisa ser o técnico da equipe e, como técnico, saber escalar bem seus jogadores, e para que isso seja possível, deve saber reconhecer nos contratados os fundamentos necessários para que eles sejam bons jogadores na posição que irão ocupar.

Resumindo, a contratação de um jogador ruim é, sim, responsabilidade do técnico, e observar se esse jogador performa bem no time, também! Okay, já ficou claro que a responsabilidade da contratação é sua, certo?

Então, mais à frente vamos dar algumas dicas para que você tenha mais assertividade não apenas na contratação de um bom profissional como também dos serviços que você está contratando.

ESPAÇO PARA ANOTAÇÕES

CADA MACACO NO SEU GALHO

Após estar claro que você precisa conhecer os fundamentos, vamos também esclarecer que você não abriu uma empresa para ficar cuidando da contabilidade. Sim, a ideia deste livro não surgiu para que você se torne um expert em contabilidade, mas que você conheça aquilo que é necessário, afinal, o objetivo ou o "core" do seu negócio não é gerenciar sua contabilidade, e sim ser competitivo e gerar resultados positivos, e isso envolve uma infinidade de cuidados e de variáveis.

Aliás isso, deveria estar claro para os donos de escritórios de contabilidade também. Por mais absurdo que pareça, abrir uma empresa de contabilidade requer muita gestão e controles, e se o empresário ficar cuidando da contabilidade dos seus clientes ele não vai cuidar do seu próprio negócio, e consequentemente não vai fazer um bom trabalho! Uma empresa de contabilidade precisa ter bons contadores cuidando da contabilidade dos clientes, enquanto o dono ou diretores do escritório possam cuidar de todo o resto, afinal, um escritório precisa funcionar como uma empresa, assim como todas as outras... mas isso é assunto para um outro livro!

Voltando a você, que não é um empresário contábil: você deve estar confuso, afinal estou dizendo para você contratar um bom profissional ou um bom escritório, mas ao mesmo tempo estou dizendo que um dono de uma empresa contábil não deve cuidar da sua contabilidade?! A explicação é simples. Ao contratar uma empresa de contabilidade, você esta contratando uma equipe de profissionais e é importante conhecer a equipe que estará a sua disposição e não exclusivamente o dono ou o contador responsável, porque, como dono da empresa, ele tem, assim como você, centenas de obrigações e variáveis para cuidar, e provavelmente não vai ser ele quem vai se ocupar de todos os detalhes da sua contabilidade.

É o mesmo que você comprar uma passagem de avião. Você não contrata o dono da companhia, porque não é ele quem pilota os aviões, mas você contrata uma empresa que tem bons pilotos, que cuida da manutenção dos aviões, que tem baixo índice de acidentes etc. E você sabe que tudo isso acontece porque a gestão da empresa está sendo bem conduzida.

Contratar um bom prestador de serviço significa estar escolhendo um time multidisciplinar e com características que atendem a suas necessidades, e claro que o contador responsável também é importante, pois ele será o seu consultor estrategista, mas o dia a dia é com a equipe que vai cuidar da sua empresa.

Quando me refiro a você conhecer a equipe, não estou dizendo que você precisa entrevistar todos os funcionários do seu escritório, mas deve conhecer sobre a estrutura que estará a sua disposição, quem são os profissionais que estarão atendendo sua empresa e, principalmente, qual o nível desses profissionais.

Claro que, como qualquer empresa, nesses novos tempos, colaboradores entram e saem, mas o importante é que seu prestador tenha condições de manter um padrão de profissionais que atendam a suas necessidades.

Mais à frente iremos abordar pontos de atenção ao contratar um prestador de serviços de contabilidade.

Imagino que, ao ouvir que, para contratar uma empresa de contabilidade, você precisa entender e conhecer o time que estará a sua disposição, deve vir a seguinte pergunta: será que eu não devo ter um contador contratado dentro da empresa?

Veja, como proprietário de um negócio de contabilidade, minha opinião é muito suspeita, mas vou expô-la de qualquer maneira.

Como já disse anteriormente, não existe receita de bolo para os negócios, certo? Como também não existe o mais assertivo ou menos assertivo na questão de definir se sua contabilidade será terceirizada ou interna.

Essa decisão depende de vários fatores internos, como porte da empresa, complexidade, cultura, gestão de custos etc.

Além disso, existe ainda o cenário onde você pode ter as duas coisas combinadas, ou seja, uma equipe interna e outra externa de apoio.

Existem empresas grandes que terceirizam e empresas pequenas que internalizam. Isso depende muito do fator cultural de cada negócio, do nível de organização e da gestão dos custos.

O mais importante em tudo isso é que os profissionais se mantenham atualizados, que a contabilidade esteja sendo bem executada e que a empresa não esteja acumulando passivos ocultos.

O melhor modelo vai depender exclusivamente da visão que você, como empresário ou executivo, tenha sobre seus negócios, assim como o nível das experiências que você já teve com esses serviços, sejam eles internos, externos ou mistos.

Existem vantagens e desvantagens nas duas situações, assim como custos relacionados. Mas, como proprietário de uma empresa de contabilidade, eu "puxo a sardinha para a minha brasa"! Eu acredito que terceirizar faz todo sentido, uma vez que fazer contabilidade é o "core" apenas de empresas de contabilidade, e não de outros negócios.

Para melhorar essa compreensão, vamos falar um pouco sobre as atribuições desse profissional.

Quais as atribuições do contador? Qual a abrangência da responsabilidade desse profissional dentro do complexo ambiente empresarial?

Vamos ratificar uma premissa: pagar um profissional para cuidar da sua contabilidade não significa isenção total da sua responsabilidade! Sendo assim, não negligencie e oriente-se. O contador deve cuidar bem e tem responsabilidades sobre o exercício de sua profissão, e essa responsabilidade deve estar clara entre as partes, e principalmente você deve saber que essa responsabilidade é secundária, e que uma boa contratação vai evitar possíveis dissabores.

Como já dito antes, você não precisa se especializar nos aspectos que envolvem o mundo contábil, mesmo porque hoje as boas empresas e profissionais que prestam serviços de contabilidade transcendem o mundo do débito e crédito e tornam-se verdadeiros consultores em gestão empresarial.

A dinâmica dos negócios e das leis faz com que o profissional que trabalha em contabilidade seja um verdadeiro estrategista, muitas vezes invadindo áreas de outros profissionais, na necessidade de solucionar as questões práticas do dia a dia das empresas. Mas isso não faz dele o dono da empresa, e muito menos responsável pela empresa. Sendo assim, é de suma importância a sua participação em determinadas rotinas para que você não seja surpreendido. Alegar ignorância não vai lhe isentar das responsabilidades, pode apenas lhe tornar presa fácil de profissionais ruins.

Aqui quero quebrar um paradigma antigo que dita: "O barato sai caro". Sim, para mim isso é um paradigma que precisa ser destruído. Vamos reconstruí-lo: "A ignorância custa caro".

Procurar preço ao invés de buscar valor, no meu ponto de vista, é ignorância ou, em alguns casos, pura arrogância. Preço é relativo ao resultado e resultado vem através de valor.

Quero dizer com isso que não adianta apenas pagar caro por um serviço se ele não agrega valor, da mesma forma que não adianta buscar apenas pagar pouco sem avaliar o valor do que será entregue.

Busque valor na contratação, não busque preço! Valor agrega ao seu negócio resultados. Busque segurança e informações sobre o valor agregado.

Outro fator de suma importância é avaliar a competência e a idoneidade do profissional ou dos sócios da empresa que lhe presta serviço, pois são esses profissionais que escrevem e registram a história da sua empresa. Antes de falarmos das principais atribuições do contador ou da empresa de contabilidade, vamos elencar alguns pontos importantes a que você deve estar atento ao contratar esses serviços:

ESPAÇO PARA ANOTAÇÕES

VERIFIQUE ANTES DE CONTRATAR

A) Primeiro e fundamental requisito é verificar se o profissional/escritório tem registro no Conselho de Contabilidade, ou seja, se ele ou a empresa são realmente profissionais habilitados e autorizados a atuar profissionalmente na área. Esta checagem não é tão óbvia quanto parece, não é incomum empresas contratarem "gato por lebre", acredite em mim!

B) Verifique também se o registro está ativo, ou seja, se o CRC do escritório e dos sócios não está suspenso por algum motivo.

C) Verifique há quanto tempo o contador ou o escritório atuam e se eles têm experiência suficiente para atender o nível de complexidade ou de maturidade da sua empresa.

D) Avalie alguns clientes que são atendidos pelo profissional ou escritório, para saber sobre os serviços prestados e se a empresa ou os profissionais são sérios e responsáveis.

E) Ao contratar um escritório, importante avaliar os profissionais chave (diretores, gerentes e líderes) dentro da organização, pois são esses que darão sustentabilidade aos serviços.

F) Dependendo do tamanho da sua empresa, ou do grau de complexidade dos serviços que envolvem sua empresa, talvez seja necessário você avaliar se esse profissional ou escritório tem seguro de responsabilidade civil para garantir qualquer eventualidade ou falha. Isto significa que, em caso de erros, sua empresa estará mais garantida

(NÃO SE ILUDA, NENHUMA EMPRESA ESTA ISENTA DE ERROS OU FALHAS, NEM AS MAIORES DO SETOR DE CONTABILIDADE, NEM A SUA E NEM GRANDES MULTINACIONAIS – POR ESSE MOTIVO EXISTE SEGURO).

G) Exija que a relação entre a sua empresa e o prestador esteja baseada em contrato por escrito e não verbal. Isso fortalece a relação de responsabilidade entre sua empresa e a contabilidade, e deixa claras as regras entre vocês.

H) Avalie se o contrato de prestação de serviço prevê ressarcimento de multas ocasionadas por erros ou falhas de processo do seu prestador, isso assegura que as penalidades sejam de responsabilidade dele e não sua. Lembre-se de que, mesmo que seu prestador não tenha cumprido uma obrigação, ou tenha falhado em lhe enviar o pagamento de um imposto, o valor do principal é e sempre será de sua responsabilidade. Com o valor de um imposto não recolhido é você que deverá arcar, mas as multas e penalidades pelo atraso, quando ocasionados pelo prestador, devem estar definidas em contrato em relação à responsabilidade dele.

I) Verifique se existe uma relação matricial de responsabilidades, ou seja, se estão por escrito quais são as suas obrigações, prazos e compromissos e quais são do seu prestador ou contador. Isso clarifica quem é responsável pelo que, e até onde vai essa responsabilidade.

J) Avalie também se existe equilíbrio entre o tamanho da responsabilidade que sua empresa gera e o valor dos honorários que são cobrados. Como já disse, a ignorância sai caro. Geralmente, mas não obrigatoriamente, as responsabilidades acompanham o tamanho do seu negócio, ou seja, quanto mais sua empresa fatura, maior se torna o risco. Não é incomum o prestador incluir cláusula no contrato que limita o risco em função dos honorários recebidos. Isto significa que ele não poderá arcar com multas superiores àquilo que recebe de honorários por um determinado período.

Lembre-se: contador bom não é aquele que não comete erros ou falhas, mas aquele que age para resolvê-las de forma profissional, clara e objetiva. O importante é como ele se comporta nessas situações. Toda empresa, profissional ou equipe estão sujeitos a falhas, então um dos fatores que determinam sua qualidade é também como lidam com as suas falhas! Checados esses itens básicos, vamos falar sobre as atribuições básicas da relação empresa & contador.

LIVRO
CONTÁ-
BIL
$

PRINCIPAIS ATRIBUIÇÕES DO CONTADOR

Antes de elencarmos as principais atribuições de um contador aqui no Brasil, é importante esclarecermos a divisão das tarefas. Quando falo do contador ou de um escritório ou empresa de contabilidade, existe uma junção de áreas que naturalmente são aceitas por aqui, mas que nem sempre são prerrogativas diretas de um contador.

Vamos entender essa divisão:

CONTABILIDADE, como você já sabe, é uma ciência, e como tal tem regras a serem cumpridas. Além de um Conselho Federal que rege essas regras, ainda existem os Conselhos Estaduais que registram e fiscalizam os profissionais. A contabilidade, como uma ciência, tem regras e métodos os quais são utilizados para o registro de todos os fatos econômicos e financeiros da sua empresa. Esse registro é feito em livros, chamados livros contábeis, que hoje, no Brasil, são eletrônicos e devem ser apresentados aos órgãos competentes. Sendo assim, se pensarmos em termos de contabilidade exclusivamente, a responsabilidade técnica do profissional estaria ligada à forma como ele faz o registro dos fatos financeiros e econômicos, porém, aqui no Brasil esse serviço acaba se estendendo para outras áreas, que não necessariamente necessitam de registro técnico, mas que usualmente são executadas pelos profissionais de contabilidade por estarem de certa forma atreladas aos resultados finais. O que diz o Conselho Federal de Contabilidade:

"Art. 25 São considerados trabalhos técnicos de contabilidade:

A) organização e execução de serviços de contabilidade em geral;

B) escrituração dos livros de contabilidade obrigatórios, bem como de todos os necessários no conjunto da organização contábil e levantamento dos respectivos balanços e demonstrações;

C) perícias judiciais ou extrajudiciais, revisão de balanços e de contas em geral, verificação de haveres, revisão permanente ou periódica de escritas, regulações judiciais ou extrajudiciais de avarias grossas ou comuns, assistência aos Conselhos Fiscais das sociedades anônimas e quaisquer outras atribuições de natureza técnica conferidas por lei aos profissionais de contabilidade.

Perceba que escrituração fiscal e folha de pagamento, por exemplo, não são atribuições técnicas de um contador, mas pela complexidade dessas atividades o mais comum aqui no Brasil é você contratar um profissional de contabilidade para que ele execute esses serviços correlatos. Além disso, contratar esses serviços em conjunto acaba associando as responsabilidades que, no Brasil, são usualmente aceitas.

Vamos às divisões para ficar claro (use essa lista para ajudá-lo a estabelecer seu contrato de prestação de serviços e sua matriz de responsabilidade):

A) Registra os fatos econômicos e financeiros da sua empresa através dos métodos e regulamentos estabelecidos pelos órgãos competentes.

B) Apura o resultado econômico da sua empresa através dos livros e dos relatórios contábeis, como balancetes, balanço, DRE, Fluxo de Caixa, Lalur (Livro de Apuração do Lucro Real) etc.

C) Apura no caso especifico da empresa que optou pelo Lucro Real, o Imposto de Renda e a Contribuição Social sobre o lucro auferido.

D) Registra toda a movimentação efetuada nas instituições financeiras e por caixa.

E) Registra todas as mutações patrimoniais, assim como societárias.

F) Registra a relação patrimonial que possa existir com outras companhias ligadas ou coligadas.

G) Elabora a Escrituração Contábil Digital que podemos dizer que substituiu a antiga Declaração de Imposto de Renda da Pessoa Juridica – DIRPJ.

O DEPARTAMENTO FISCAL

A) Registra toda a movimentação de entrada e saída de bens e serviços, ou seja, tudo o que se compra, o que se vende, o que se toma de serviços e o que se presta de serviços nos livros fiscais próprios.

B) Apura os impostos Federais, Estaduais e Municipais de acordo com as legislações vigentes em cada esfera de governo.

C) Registra as notas fiscais de entrada e de saída que sua empresa transaciona em suas operações.

D) Apura todas as transações fiscais efetuadas com clientes e fornecedores e fornece à contabilidade esses registros para contabilização.

E) Elabora e entrega todas as obrigações acessórias exigidas por cada esfera de governo como cumprimento da regulamentação das leis tributárias.

A) Efetua o registro dos empregados contratados pela sua empresa.

B) Efetua os devidos registros públicos perante a Previdência e os demais órgãos reguladores.

C) Monitora ou auxilia na gestão de benefícios dos seus colaboradores.

D) Calcula todas obrigações da sua empresa para com seus funcionários.

E) Calcula férias e rescisões de contrato dos funcionários.

F) Efetua o cálculo da folha de pagamento mensal dos funcionários.

G) Efetua folha de adiantamento de salários quando necessário.

H) Efetua o cálculo dos impostos previdenciários e Fundo de Garantia por Tempo de Serviço – FGTS.

I) Elabora o resumo de folha de pagamento para registro contábil, apropriações e provisões.

A) Efetua o registro dos atos societários da sua empresa, tais como: Abertura, Alteração ou Encerramento da empresa.

B) Monitora as certidões negativas perante os órgãos públicos (chamadas de CNDs as Certidões Negativas de Débito, são expedidas pelos órgãos públicos, para "garantir" que todos os recolhimentos estão sendo efetuados e que a empresa nada deve até aquele momento para um determinado órgão ou instituição de arrecadação – vamos falar especificamente sobre certidões mais a frente). Este monitoramento pode ser feito por outras áreas, dependendo da organização e do modelo de trabalho usado por seu prestador.

C) Registra e acompanha perante órgãos reguladores a situação da sua empresa. Muito comum neste caso o serviço ser quarteirizado para especialistas em casos específicos, como CETESB, Vigilância Sanitária, Bombeiro etc

Importante ficar claro que a responsabilidade técnica está diretamente ligada à contabilidade e seus preceitos. Isto significa que, apesar de ser muito comum seu escritório prestar todos os demais serviços, não existe uma relação de responsabilidade técnica profissional sobre os demais, ou seja, o Conselho de Contabilidade não rege o exercício profissional nas áreas correlatas sob a forma de trabalho ou execução. Esclarecendo... o que eu quero dizer é que não existe regulamentação técnica para se fazer uma folha de pagamento por exemplo, ou seja, o Conselho Regional de Contabilidade não tem como exigir que o profissional que faz a folha seja um contador, porque fazer folha não está dentro do escopo de controle do Conselho, mas há como exigir a forma como os valores apurados na folha sejam contabilizados, mesmo que os valores não estejam corretos ou legais. Na prática, isso significa que a folha de pagamento tem leis para serem cumpridas e essas leis serão cobradas da sua empresa e não de quem faz a folha, e salvo se sua empresa tiver previsão contratual, ninguém pode responsabilizar o prestador pelos erros.

Já a escrituração contábil tem regulamento, e você pode responsabilizar o profissional por erros cometidos na sua contabilidade mesmo que isso não esteja em contrato, pois, nesse caso, ele assume a responsabilidade técnica perante o conselho.

Porém, os escritórios no Brasil se acostumaram a exercer esses trabalhos e se especializaram neles, o que gera um ganho interessante ao empresário na contratação desse pacote. E, convenhamos, não existem profissionais mais habilitados para tais serviços do que os da área contábil.

Refiro-me sempre ao Brasil porque em outros países essa relação é diferente. Nos EUA, por exemplo, o profissional que prepara os livros, o chamado bookkeeper, geralmente não é o mesmo profissional que prepara as declarações ao governo. É comum nos EUA as empresas contratarem todos os serviços separados. Isso gera a ilusão de que nos EUA esses serviços são mais baratos porque eles são todos separados, mas como lá a mão de obra é muito mais cara do que aqui, esses serviços em geral acabam sendo mais caros que no Brasil (principalmente em se tratando de questões técnicas).

Entendida essa divisão, você precisa esclarecer primeiro qual desses serviços você contratou e até onde, ou seja, em qual profundidade e especialização, o seu prestador consegue lhe atender, e como essa relação está descrita no seu contrato de serviços.

Veja, é muito fácil essa relação não dar certo se você não sabe o que está contratando e se seu prestador não tem certeza para que está sendo contratado.

Mais fácil ainda é imaginar que, como contador, ele tem obrigação de saber ou esta subentendido que ele é responsável por TUDO.

Este é, no meu ponto de vista, o ponto de maior ruptura na relação entre os serviços prestados pelo contador e os contratados pelos empresários.

O empresário "acha" que está subentendida a responsabilidade, e o contador muitas vezes aceita fazer coisas que ele não foi contratado para fazer, ou que não domina, ou em relação às quais não tem expertise ou mesmo estrutura para atender, e acaba "assumindo" serviços para tentar manter o "cliente".

CHAMO ISSO DE DESALINHAMENTO DE EXPECTATIVAS

Como sabemos que não existe essa responsabilidade infinita, a forma mais simples de deixar clara essa relação é estabelecer no contrato as regras para cada um. Procure matriciar essa relação para que fique a mais objetiva possível. O que eu quero dizer com matriciar é fazer uma lista das obrigações dentro de cada área contratada, elencando os prazos e as obrigações de cada parte, e que estarão abrangidos nessa contratação (vamos tratar mais à frente de um modelo de matriz de responsabilidade que você pode estabelecer com seu contador ou escritório).

Sim, obrigações de cada parte, pois você, como empresário, tem, sim, responsabilidades para com seu contador, pois ele não consegue adivinhar o que acontece na sua empresa. Ele precisa ser informado sistematicamente sobre suas decisões, sempre que isso afetar de alguma maneira as áreas contratadas.

Dificilmente alguma decisão que você tome na sua empresa não afeta a sua contabilidade. Se pensarmos que ela deve registrar todos os fatos econômicos e financeiros, que sua área fiscal precisa registrar entradas e saídas e efetivamente apurar impostos, que o departamento pessoal precisa registrar toda e qualquer movimentação de colaboradores e que a legalização precisa manter seus registros societários e dos reguladores em ordem, acho pouco provável qualquer decisão, mesmo que estratégica, não afete alguma dessas áreas.

Aliás, quando sua relação é saudável com seu contador, dificilmente você toma decisões estratégicas sem antes consultá-lo e em muitos casos sem que ele faça parte do processo decisório!

E AÍ ENTRA UM OUTRO ASSUNTO DE QUE VAMOS FALAR MAIS ADIANTE, QUE TRATA DO PLANEJAMENTO ESTRATÉGICO DA SUA EMPRESA

Sendo assim, vamos às atribuições de forma genérica:

RESPONSABILIDADES DO CONTADOR

Levando em consideração que você contratou todas as áreas descritas de uma empresa de contabilidade e que você deixou claro em contrato quais serão os serviços prestados e quais as responsabilidades de cada parte, as atribuições de um contador devem ser:

NA CONTABILIDADE

A) Manter os registros contábeis da empresa independente do regime tributário escolhido.

i. Escrituração Contábil - Sim, por mais absurdo que pareça, é muito comum empresas contratarem contadores e escritórios de contabilidade que não fazem a escrituração contábil, ou seja, não fazem a contabilidade da sua empresa.

ii. Balancetes, Balanços e DRE - Se você precisar de um balanço ou balancete, ou mesmo um DRE, ele não existe se a contabilidade não for feita. A alegação mais comum para não se fazer a contabilidade é dizer que a empresa está desobrigada a registrar os livros pelo regime tributário escolhido, isso é uma mentira.

iii. Regime Tributário – O regime tributário pode isentar sua empresa de apresentação dos livros contábeis ao fisco, porém ele não isenta sua empresa de responsabilidades civis de acordo com o novo Código Civil Brasileiro. Concordo que você possa optar em não ter contabilidade se seu regime permitir, desde que você tenha tomado essa decisão em conjunto com o seu contador, e que saiba das consequências de não ter a contabilidade registrada (o que eu acho um absurdo), ou seja, isso pode ser uma opção. Eu diria que, se essa decisão está atrelada ao custo dos serviços, classifico isso como uma economia "porca", mas, se a decisão é tomada porque sua empresa não está "suficientemente organizada" para isso, essa decisão é temerária e já passou do tempo de você se organizar, e seu contador, se ainda não lhe orientou sobre isso, já deveria ter feito!

iv. Alinhe sua Contabilidade - O MEU ponto de vista é que se você está contratando um profissional de contabilidade, e por qualquer motivo anterior não tem seus registros em ordem, você esta sendo omisso ou relaxado, e o que você tem é um mero despacho de obrigações – e tenho certeza de que, em algum momento da história da sua empresa, isso vai lhe fazer falta! (vamos explicar à frente sobre os regimes tributários no Brasil).

B) Monitorar a saúde do seu balanço.

i. O contador não controla os resultados da sua empresa, isso é responsabilidade sua, mas cabe a ele orientá-lo sobre a saúde do seu balanço. Isso na prática significa traduzir a situação econômica da sua empresa através das demonstrações contábeis, ajudando-o a tomar decisões mais estratégicas.

ii. Avaliar se a interpretação dos fatos do seu balanço estão compliance, ou seja, se estão de acordo com as normas vigentes.

C) Manter a legitimidade e a legalidade dos seus registros.

i. Os números do seu balanço precisam reportar a realidade dos fatos, sem manipulação ou desvios.

ii. A legitimidade e legalidade dos seus números determinam a real situação da sua companhia o que é fundamental para investidores, auditorias, entrada de sócios, venda de parte da companhia ou sua totalidade.

NO DEPARTAMENTO FISCAL

Este tópico precisa de um cuidado especial. Na verdade, atualmente os contadores são muito mais requisitados para cuidar das questões fiscais do que da própria contabilidade em si. Isso porque essa área é extremamente estratégica, sensível e determinante ao sucesso ou fracasso do negócio.

Mas antes de falarmos das atribuições ou prerrogativas do contador, vamos fazer uma rápida análise sobre o cenário fiscal brasileiro.

Na época em que escrevi este tópico, na primeira semana de maio de 2018, o cenário fiscal brasileiro era o seguinte:

A base de legislação era de 3.820.279 regras fiscais que, combinadas, chegam a 17.307.521 situações tributárias específicas.

Apesar de parecer um cenário apocalíptico, ainda existe um outro fator que piora essa situação. Essa legislação chega a sofrer em 1 semana até 50 mil alterações... sim, você não leu errado, chegam a cinquenta mil alterações nas semanas mais agitadas.

Em tal cenário, está mais claro do que nunca que nenhum contador no BRASIL tem condições de se manter 100% atualizado e infalível.

Então não se iluda... se você tem uma empresa que produz, distribui ou é de varejo, esse trabalho de manter sua empresa compliance na área fiscal deve ser feita por sua equipe interna em conjunto com seu contador. Seu escritório ou seu contador interno jamais irá conseguir acompanhar toda a legislação sozinho.

Esperar apenas que seu contador "dê conta" dessa situação é ser demasiadamente otimista, eu arriscaria até aventureiro. Minha sugestão aqui é: trabalhe em conjunto com ele para entender o seu cenário, a sua realidade, os seus desafios nos quesitos fiscais, e tracem um plano estratégico para cuidar da saúde fiscal da sua empresa. Um trabalho em conjunto, com proximidade e apoio, gera um ambiente colaborativo, produtivo, eficiente e muito mais seguro para sua empresa, e ajuda a evitar surpresas bem desagradáveis, assim como enormes prejuízos.

Nesse trabalho de verdadeira parceria com seu contador, muitas vezes será necessário investir em tecnologias especificas para o seu negócio. Por exemplo, em um supermercado que trabalha com milhares de itens, se não houver um acompanhamento sistêmico e digital, certamente haverá erros nas apurações fiscais.

Hoje é necessário você ter um funcionário exclusivo para cuidar das questões que envolvem emissão de notas e classificações fiscais. Esse profissional pode, inclusive, ser contratado e gerido por seu escritório. Esse cenário que comentei acima se refere a toda a legislação fiscal brasileira, isso significa que, se sua empresa faz negócios com outras regiões, se a variedade de produtos é grande etc., ela precisa de mais cuidados que uma empresa pequena com poucos produtos que vende localmente. Por isso você precisa entender o nível de complexidade do seu negócio e discuti-lo com o contador e/ou profissional que vai cuidar da sua área fiscal. Muitas vezes é necessário, além de um profissional exclusivo, manter assessoria complementar para a gestão desses impostos. É importante que você esteja consciente que ampliar sua região de atuação impacta diretamente na complexidade da sua apuração fiscal e, consequentemente, exige um nível de acompanhamento maior, mais especifico e mais técnico. Quando você decidir ampliar suas vendas a outros estados ou mesmo para outros países, é fundamental que você discuta com a contabilidade quais serão esses impactos fiscais, qual o custo adicional envolvido diretamente e também qual o custo envolvido na própria contabilidade, que precisará ter um acompanhamento mais exclusivo e mais focado nas suas necessidades.

Empresas de serviços tem um nível de complexidade menor, mas também deve-se avaliar a complexidade dos serviços, regiões, fornecedores, clientes etc.

Enfim, como esse tema é um dos mais complexos no Brasil, vamos tratar adiante do Regime Fiscal (Lucro Real, Presumido ou SIMPLES) e das Principais Obrigações Acessórias. Esses dois temas são fundamentais para que você compreenda os cenários possíveis para a sua empresa e tenha conhecimento dos pontos mais relevantes para decidir com seu contador qual escolher.

De forma genérica, as atribuições na área fiscal de que seu contador deve cuidar são:

A) Regime Fiscal

a. Decidir o regime fiscal depende de uma discussão baseada em números da empresa e nas varáveis envolvidas, mas em suma ele deve orientá-lo sobre qual o melhor caminho para o seu negócio (falaremos sobre os regimes – LUCRO REAL, LUCRO PRESUMIDO e SIMPLES mais à frente).

b. Ainda sobre o regime fiscal, em algumas opções, como o SIMPLES, é importante que vocês dois estejam acompanhando os limites de faturamento e principalmente de enquadramento.

c. Regime fiscal se decide baseado em contas feitas através do seu balanço e também a partir de uma série de características do seu negócio que precisam ser consideradas.

B) Escrituração Fiscal

a. Manter a escrituração fiscal da sua empresa em ordem, atualizada e baseada nas notas fiscais de entrada e saída.

b. Manter os livros fiscais de cada esfera escriturados e atualizados.

C) Apuração dos Impostos

a. Apurar os impostos através da escrituração, sejam eles Federais, Estaduais e/ou Municipais.

b. Os impostos corretos precisam ser apurados de acordo com as características do seu negócio. Com o ramo de atividade, enquadramento fiscal, região, tipo de produtos ou serviços, regime tributário.

D) Obrigações Acessórias

a. Observar o cumprimento e entrega das obrigações acessórias exigidas pelos órgãos públicos.

i. Neste item especifico, uma ressalva importante: muitas obrigações acessórias no Brasil são criadas pela falta de inteligência da gestão pública, ou mesmo pela incompetência dos órgãos, seja ela municipal, estadual ou federal.

ii. Elas são obrigatórias, e o não cumprimento acarreta multa ao contribuinte. Isto porque é mais fácil transferir a responsabilidade para a empresa do que firmar convênios com outros órgãos que possivelmente já tenham a mesma informação.

iii. Temos obrigações das mais diversas possíveis e com multas cumulativas.

iv. É de suma importância ficar atento a este quesito, principalmente se sua empresa tem filiais em diversos municípios ou estados.

v. Além disso, se sua empresa comercializa ou trabalha com produtos controlados ou de classificação fiscal diferenciada, é provável que você tenha obrigações acessórias adicionais e específicas.

vi. É muito comum o contribuinte ter que entregar a mesma informação em diversas obrigações para órgãos diferentes e às vezes até para o mesmo órgão – isso se chama burocracia... ou será que se escreve com dois erres?

Mas o que são obrigações acessórias? São relatórios, atualmente quase todos digitais, com dados complementares entregues aos órgãos públicos com as mais diversas informações possíveis, desde questões fiscais e tributárias até informações sobre: movimentações de compra e venda de bens, serviços, movimentação financeira, denúncias etc., um verdadeiro Big Brother de obrigações! Vamos falar um pouco mais sobre esse assunto adiante.

Ainda quanto a esse tópico, é fundamental que a relação com seu prestador ou profissional esteja estabelecida em contrato, pois como o Governo constantemente cria novas obrigações acessórias, em teoria elas só serão responsabilidade do profissional se já estiverem pactuadas em contrato. É bastante comum estar definido em contrato que, ao ser estabelecida uma nova obrigação, o profissional ou empresa de contabilidade passa a entregar, ou seja, ele monitora as novas obrigações, mas ao mesmo tempo cobra adicionalmente esse serviço da sua empresa.

Apenas a título de curiosidade e como referência, o Brasil tem, em relação aos EUA, um custo de observância em torno de 9 vezes maior

que o americano.
Custo de Observância significa quanto em média se gasta para observar todas as obrigações que devem ser cumpridas pelas empresas. Esse custo é agregado ao chamado custo Brasil, onde a burocracia impera e muitos negócios emperram!

NO DEPARTAMENTO PESSOAL

A) Registro dos funcionários

a. Efetuar e manter o registro dos seus colaboradores de acordo com a legislação previdenciária e conforme as definições sindicais da sua categoria.
Manter todo o registro financeiro das verbas e descontos calculados conforme as regras previdenciárias, fiscais e sindicais.
b. Manter atualizados todos os registros assim como a carteira de trabalho (espero que se torne digital agora, com a entrada do e-Social)

B) Regras Trabalhistas (CLT)

a. Manter sua folha de pagamento sobre as regras da Consolidação das Leis do Trabalho – CLT.
b. Orientá-lo sobre a CLT para que você não descumpra os preceitos na condução da sua equipe. Importante ressaltar aqui que a responsabilidade sobre eventual descumprimento da CLT é sempre da empresa e não do contador. Caso você tenha dúvida sobre implantar regras de trabalho na sua empresa, o caminho ideal é discutir sempre não apenas com o seu contador, mas, fundamentalmente, envolver um advogado trabalhista de sua confiança para esclarecer pontos que tragam dúvidas ou que sejam fora de padrão. Para questões contro-

versas, sempre indico a presença de um advogado especialista para corroborar a decisão.

C) Regras Sindicais

a. Orientar e cumprir as regras estabelecidas pelo sindicato da categoria.

i. Classificação sindical no Brasil é um grande desafio. No país que tem um dos maiores números de sindicatos do mundo, você conseguir classificar sua empresa no sindicato correto é quase uma loteria. Decida junto com o seu contador qual lhe faz mais sentido, mas uma maneira mais simples que ajuda a decidir é seguir os outros players como você, ou seja, o mesmo em que os seus concorrentes estão classificados.

ii. Apesar de ser um dos da economia, o sindicato ainda é obrigatório. Não opte por aquele que mais lhe convém, e sim pelo que mais representa a categoria principal do seu negócio.

D) Informações Previdenciárias

a. Manter os registros e as informações previdenciárias da sua empresa regular assim como de todos os colaboradores.

b. Registros previdenciários tem prescrição após 25 anos, ou seja, ainda na teoria você deve guardar esses registros por quase uma eternidade. Acredito que, com as novas tecnologias que estão sendo implantadas no Brasil e com o e-Social, esse prazo deverá ser revisto e até extinto, uma vez que o sistema público deverá manter todos esses registros.

E) Obrigações Acessórias

a. Elaborar e entregar as obrigações acessórias mensais e anuais pertinentes ao Departamento Pessoal.

NO DEPARTAMENTO SOCIETÁRIO

A) Instrumentos Societários

a. Manter seus atos societários atualizados de acordo com a dinâmica do seu negócio.

i. Atos societários devem ser alterados sempre que:

1. Houver mudança de sócios;

2. Houver necessidade de aumento do capital social da empresa;

3. Houver alteração de endereço;

4. Houver mudança na dinâmica dos negócios e que isso reflita na mudança de alguma cláusula do contrato;

5. Houver mudança de administradores ou responsáveis na companhia;

6. Houver alteração na proporção da distribuição das cotas entre os sócios.

b. Manter e acompanhar acordo de cotistas ou acionistas, elaborado entre os sócios/acionistas, onde se definem questões especificas não descritas em contrato social. É comum os sócios ou acionistas elaborarem um acordo formal definindo regras de comportamento ou de controle da empresa. Existem diversas cláusulas para o efetivo ajuste societário. O melhor a se fazer neste caso é contratar um bom advogado e discutir a estruturação de um adequado acordo de cotistas ou acionistas para se evitar futuramente um dissabor societário. Discuta com seu advogado a elaboração desse acordo e entenda com mais propriedade clausulas e assuntos tais como:

i. Clausula de Tag-Along – Proteger os sócios/acionistas minoritários.

ii. Clausula de Drag-Along – Obrigar o minoritário a vender suas ações junto com o majoritário.
iii. Aumento de Capital – Definir regras de diluição na participação societária em caso de aumento unilateral.
iv. Acordo sobre remuneração dos sócios – Definir regras de remuneração e de distribuição desproporcional em casos específicos.
v. Direito de Preferência – Definir as regras de preferência na compra das cotas/ações em caso de saída de sócios.

B) Certidões Públicas

a. Monitorar as certidões dos órgãos públicos pode ser um serviço contratado e monitorado pelo departamento societário. A certidão negativa de débito é expedida sempre que a empresa está regular com o órgão consultado. Acompanhar as certidões é fundamental para que você esteja a par da situação da sua empresa perante a fiscalização e demais órgãos públicos. Importante ressaltar que ter a certidão negativa emitida não lhe garante 100% de cumprimento das suas obrigações. Isto porque o processamento das informações dos pagamentos e das entregas de obrigação pelos órgãos competentes está sempre "atrasado" em relação às certidões. Não é incomum você conseguir emitir uma certidão negativa e mais à frente surgir uma pendência do período anterior a essa certidão. Isto porque no momento da emissão pode não constar no sistema do órgão pendência alguma de pagamento ou obrigação, e posteriormente o sistema, após novos processamentos, identificar uma irregularidade. Por esse motivo, é importante manter as certidões atualizadas de acordo com a necessidade ou relevância do seu negócio. Usualmente se atualizam as certidões de 3 em 3 meses. As empresas mais modernas de contabilidade têm sistemas de atualização eletrônica e permanente pelos quais o cliente pode acessar um painel de verificação. As certidões mais comuns são:

i. Certidão Conjunta da Receita Federal – Emitida pela Receita Federal do Brasil, esta certidão engloba todos os tributos federais, os previdenciários e suas obrigações acessórias.

ii. Certidões Estaduais – São normalmente emitidas pelo Governo do Estado de cada região. Essa certidão certifica o recolhimento dos impostos estaduais e suas obrigações.

iii. Certidões Municipais – Emitidas pelas Prefeituras e órgãos municipais, elas garantem os recolhimentos e obrigações devidas ao município onde sua empresa esta estabelecida. Vale lembrar que, se sua empresa tem filiais, cada filial deve estar regular com o município onde se encontra.

iv. Certidão do FGTS – Quando sua empresa tem funcionários registrados, ela deve o recolhimento do Fundo de Garantia por Tempo de Serviço aos seus colaboradores. Para acompanhar o efetivo recolhimento dessa obrigação, existe a certidão do FGTS.

v. Certidões Trabalhistas – Certidão da Justiça do Trabalho se refere à situação da sua empresa perante a justiça trabalhista. Ela certifica sua empresa em relação a ações e condenações trabalhistas.

b. Certidões de Restrição de Crédito – Esse tipo de certidão não é usualmente controlado pela contabilidade. Por se tratar de uma certidão de restrição ao crédito de órgãos privados, como o Serasa, o comum é a área administrativa financeira manter o controle permanente sobre esse tipo de certidão.

c. Certidão Positiva – A certidão é positiva quando sua empresa está pendente de regularização perante algum órgão. Pode ser por falta de pagamento de algum tributo ou pela falta de entrega de alguma obrigação acessória.

d. Certidão Positiva com Efeitos Negativos – Quando sua empresa efetuou o parcelamento de um débito fiscal a certidão sai positiva, porém com efeito negativo, isto porque a empresa continua com o débito tributário, porém realizou uma negociação de pagamento. A certidão volta a ser positiva caso o acordo não seja cumprido.

C) Órgãos Reguladores – o setor de legalização ou societário pode também, em determinados casos, acompanhar os principais órgãos reguladores. Diversas atividades estão sujeitas, além das obrigações gerais, a órgãos reguladores específicos, como conselhos, comissões, agências etc.

Alguns exemplos:

i. Atividades regulamentadas como médicos, dentistas, advogados, contadores, engenheiros, administradores etc. estão sujeitos aos Conselhos Regionais e Federais de sua profissão.

ii. Atividades controladas como mercado de capitais estão sujeitas à Comissão de Valores Mobiliários – CVM.

iii. Atividades reguladas pelo governo estão sujeitas às Agências Nacionais, como:

1. Agência Nacional de Aviação Civil (ANAC),
2. Agência Nacional de Telecomunicações (ANATEL),
3. Agência Nacional de Energia Elétrica (ANEEL),
4. Agência Nacional do Petróleo (ANP),
5. Agência Nacional de Saúde Suplementar (ANS),

6. Agência Nacional de Transportes Aquaviários (ANTAQ),
7. Agência Nacional do Cinema (ANCINE),
8. Agência Nacional de Transporte Terrestres (ANTT),
9. Agência Nacional de Águas (ANA),
10. Agência Nacional de Vigilância Sanitária (ANVISA).

ESPAÇO PARA ANOTAÇÕES

AS PRINCIPAIS OBRIGAÇÕES ACESSÓRIAS

As obrigações acessórias se dividem pelas esferas de governo e pelas áreas dentro de cada esfera. Quando falamos de obrigações acessórias que envolvem a contabilidade, as principais estão divididas entre Federal, Estadual e Municipal, podendo se multiplicar dentro de cada esfera. Vamos nos concentrar aqui nas principais de cada esfera para que você possa ter uma noção das suas responsabilidades, mas é muito importante que você investigue e saiba, junto com seu contador, quais delas a sua empresa tem a obrigação de cumprir de acordo com seu estado, município e/ou jurisdição, e ainda a quais órgãos reguladores sua empresa está sujeita, conforme descrevemos anteriormente, para que você se mantenha regularizado.

Vale lembrar que essas obrigações se alteram constantemente com a mudança das leis e dos tributos, então o objetivo aqui não é nos aprofundarmos nas especificidades de cada declaração porque elas podem se modificar a qualquer momento, mas sim que você tenha uma ideia desse universo.

Outro fator importante é você saber que existe uma massa gigantesca de dados e informações a seu respeito e de sua empresa que são enviados aos órgãos públicos, e que com o decorrer do tempo o tratamento desses dados vem se aprimorando. O intuito desse aprimoramento é, além de aumentar a arrecadação, obter o cruzamento das informações e, com isso, ter um controle mais apurado sobre você e sua empresa.

A) DACON (Demonstrativo de Apuração de Contribuições Sociais) – Era uma declaração Federal, entregue por todas as Pessoas Jurídicas e equiparadas, optantes do Lucro Presumido ou Real, por meio da qual as empresas informavam mensalmente a RFB a apuração do PIS e da COFINS e PIS com base na folha de salários; sua obrigatoriedade de entrega ocorreu até janeiro de 2014, quando foram informados os fatos geradores referente a dezembro de 2013 . (Obrigação extinta por meio da IN 1441/2014)

B) DCTF (Declaração de Débitos e créditos Tributários) – É uma obrigação federal que contém informações referentes aos tributos e contribuições apurados por Pessoas Jurídicas, bem como pagamentos, parcelamentos e compensações, contém basicamente os lançamentos dos créditos tributários e a forma que o contribuinte utiliza para quitá-lo (pagamento, compensação, suspensão ou parcelamento).

C) DNF (Demonstrativo de Notas fiscais) – Era uma declaração federal, que os contribuintes fabricantes, distribuidores atacadistas ou importadores dos produtos, como material de embalagem, nas indústrias de cigarros, de bebidas e outras; ou como matéria-prima nas indústrias de bebidas, fabricantes ou importadores de compostos orgânicos usados como produto intermediário ou final nas indústrias químicas, petroquímicas, de combustíveis e outras, eram obrigados a entregar mensalmente por meio da matriz, e que continha informações referentes a notas fiscais. (Obrigação revogada por meio da Instrução Normativa RFB 1.221/2011).

D) EFD Contribuições (Escrituração Fiscal Digital) – É uma obrigação federal preparada por todas as pessoas jurídicas e equiparadas, mensalmente, que apurem Contribuição para o PIS/Pasep e COFINS bem como Contribuição Previdenciária incidente sobre a Receita.

E) LALUR (Livro de Apuração do Lucro Real) – Livro fiscal, obrigatório para as para empresas tributadas pelo Imposto de Renda na modalidade de Lucro Real, sendo dispensada desde 2014 sua escrituração física, ficando apenas obrigatório o meio eletrônico, que corresponde à ECF – Escrituração Contábil Fiscal.

F) ECF (Escrituração Contábil Fiscal) – É uma obrigação acessória imposta às pessoas jurídicas estabelecidas no Brasil, com vigência a partir de 2015. Entrega anual centralizada pela matriz.

G) ECD (Escrituração Contábil Digital) – Foi instituída para fins fiscais e previdenciários e deverá ser transmitida pelas pessoas jurídicas a ela obrigadas. É parte integrante do projeto SPED e tem por objetivo a substituição da escrituração em papel pela escrituração transmitida via arquivo, ou seja, corresponde à obrigação de transmitir, em versão digital, os livros Diário e Razão, bem como seus auxiliares e o Livro Balancetes Diários, Balanços e fichas de lançamento comprobatórias dos assentamentos neles transcritos. Entrega anual até o último dia útil do mês de maio do ano seguinte ao calendário a que se refira a escrituração.

H) PT (Preço de Transferência) ou Transfer Price – Aplica-se o cálculo dos preços de transferência ao Imposto de Renda e à contribuição social sobre o lucro líquido. A legislação brasileira deverá observar as regras de preços de transferência:

I. as pessoas físicas ou jurídicas residentes ou domiciliadas no Brasil que praticarem operações com pessoas físicas ou jurídicas, residentes ou domiciliadas no exterior, consideradas vinculadas, mesmo que por intermédio de interposta pessoa.

II. as pessoas físicas ou jurídicas residentes ou domiciliadas no Brasil que realizem operações com qualquer pessoa física ou jurídica, ainda que não vinculada, residente ou domiciliada em país ou dependência de tributação favorecida.

III. As pessoas físicas ou jurídicas residentes ou domiciliadas no Brasil que realizem operações com qualquer pessoa física ou jurídica, ainda que não vinculada, residente ou domiciliada no exterior, e que goze, nos termos da legislação em vigor, de regime fiscal privilegiado. Para fins de cálculo e eventual ajuste no Lucro Real ou base de cálculo da CSLL, será considerado sempre o período anual, encerrado em 31 de dezembro (ainda que a empresa apure o Lucro Real trimestral) ou o período compreendido entre o início do ano calendário e a data de encerramento de atividades.

I) DME (Declaração de Operações Liquidadas com Moeda em Espécie) – São obrigadas à entrega da DME as pessoas físicas ou jurídicas residentes ou domiciliadas no Brasil que, no mês de referência, tenham recebido valores em espécie cuja soma seja igual ou superior a R$ 30.000,00. O prazo de entrega é o último dia útil do mês subsequente ao mês de recebimento dos valores em espécie.

J) EFD-REINF (Escrituração Fiscal Digital de Retenções e Outras Informações Fiscais) – São obrigados à entrega da REINF pessoas jurídicas que prestam e que contratam serviços realizados mediante cessão de mão de obra, pessoas jurídicas responsáveis pela retenção da Contribuição para o PIS/Pasep, da Contribuição para o Financiamento da Seguridade Social (Cofins) e da Contribuição Social sobre o Lucro Líquido (CSLL), e as pessoas jurídicas optantes pelo recolhimento da Contribuição Previdenciária sobre a Receita Bruta (CPRB). O cronograma de obrigatoriedade de entrega da EFD-Reinf teve início em 2018 e estende-se a 2019, de acordo com o tipo e o porte da pessoa jurídica.

K) DASN-SIMEI (Declaração Anual do Simples Nacional - Microempreendedor Individual) – É uma declaração federal que contém informações referentes à receita bruta total e ICMS auferida no ano calendário anterior, bem como informações de contratação de empregados pelo MEI. O prazo de entrega é o último dia útil de maio ou o último dia do mês seguinte ao encerramento em caso de o MEI encerrar suas atividades.

L) DEFIS (Declaração de Informações Socioeconômicas e Fiscais) – É uma declaração que tem como objetivo comunicar à Receita Federal dados econômicos e fiscais da empresa que está ou esteve enquadrada neste regime no período abrangido pela declaração. O prazo de entrega da DEFIS é até 31 de março do ano subsequente ao período abrangente que será declarado.

M) DIMOB (Declaração de Informações sobre Atividades Imobiliárias) – É uma declaração obrigatória às pessoas jurídicas e equiparadas que comercializarem imóveis que houverem construído, loteado ou incorporado para esse fim ou que intermediarem aquisição, alienação ou aluguel de imóveis, que realizarem sublocação de imóveis, e ou constituídas para a construção, administração, locação ou alienação do patrimônio próprio, de seus condôminos ou sócios. A Dimob deve ser entregue até o último dia útil do mês de fevereiro do ano subsequente ao que se refiram as suas informações, por intermédio do programa Receitanet disponível na Internet.

N) DMED (Declaração de Serviços Médicos) – É uma declaração obrigatória às pessoas jurídicas ou equiparadas nos termos da legislação do imposto de renda, prestadoras de serviços de saúde, e às operadoras de planos privados de assistência à saúde. A Dmed deverá ser apresentada pela matriz da pessoa jurídica, contendo as informações de todos os estabelecimentos, em meio digital, mediante a utilização de aplicativo a ser disponibilizado no sítio da Secretaria da Receita Federal do Brasil. O prazo de entrega desta declaração é o último dia útil do mês de março, porém pode estar sujeito a alteração por parte da RFB.

O) DBF (Declaração de Benefícios Fiscais) – É obrigatória para órgãos responsáveis pela administração das contas dos Fundos dos Direitos da Criança e do Adolescente, Fundos dos Direitos do Idoso, Ministério da Cultura (FNC), Agência Nacional do Cinema (Ancine), Ministério do Esporte, Ministério da Saúde, Ministério da Educação, Ministério do Desenvolvimento Social e Combate à Fome, Ministério das Minas e Energia, Ministério dos Transportes, Ministério da Integração Nacional, Secretaria Especial de Portos, Ministério das

Cidades e Secretaria de Aviação Civil. A Declaração de Benefícios Fiscais deverá ser apresentada até o último dia útil do mês de março, em relação ao ano-calendário imediatamente anterior, por intermédio da internet.

P) DERC (Declaração de Rendimentos Pagos a Consultores por Organismos Internacionais) – São obrigados à entrega desta declaração Órgãos e Entidades da Administração Pública Federal, Estadual e Municipal, que contratarem consultorias e serviços técnicos especializados, informando os pagamentos efetuados mensalmente, a qualquer título, em decorrência da prestação de serviços técnicos especializados e consultorias contratados, de forma discriminada por natureza do rendimento e beneficiário. A Derc deverá ser transmitida pela Internet, até o último dia útil do mês de março, em relação ao ano-calendário imediatamente anterior.

OBRIGAÇÕES ESTADUAIS

A) CIAP (Controle de Crédito do Ativo Permanente) – É um Livro obrigatório a pessoas jurídicas e equiparadas, que adquirirem bens para compor o ativo permanente, para fins de controle de crédito do ICMS. A adoção dos modelos do CIAP será feita de acordo com o disposto na legislação de cada unidade federada. Atualmente o CIAP é parte integrante do SPED ICMS/IPI controlando e informando ao fisco todos os bens e direitos utilizados por uma empresa para a realização de suas atividades.

B) GIA MENSAL (Guia de Informação e Apuração do ICMS) – É uma obrigação que deve ser entregue por toda pessoa jurídica ou equiparada inscrita no Cadastro de Contribuintes do ICMS e obrigada à escrituração de livros fiscais. Nela, deve-se declarar o resumo de suas informações econômico-fiscais, segundo o regime de apuração do imposto a que estiver submetido ou conforme as operações ou prestações realizadas no período. O prazo de entrega é mensal.

C) SINTEGRA (Sistema Integrado de Informações sobre Operações Interestaduais com Mercadorias e Serviços) – Era uma declaração Federal, entregue por todas as Pessoas Jurídicas e equiparadas, optantes do Lucro Presumido ou Real, por meio da qual as empresas informavam mensalmente à RFB os livros Registro de Entrada, Saídas, estoque e ICMS. O contribuinte paulista obrigado à entrega da EFD - Escrituração Fiscal Digital - está dispensado de enviar os arquivos do Sintegra, pois a EFD já contém a totalidade das informações fiscais. Porém, os contribuintes usuários de processamento eletrônico de dados devem continuar enviando essa declaração, mensalmente, para cada Secretaria de Fazenda do Estado com a qual operou, arquivo digital com os registros das operações interestaduais, enquanto não dispensados da obrigação pelo Sintegra de seus estados. Caso já tenham sido dispensados, por terem sido notificados do enquadramento no Sintegra de seus estados, devem enviar mensalmente os arquivos contendo informações da totalidade das operações efetuadas para a sua própria Secretaria de Fazenda, cabendo a esta disponibilizar as informações para suas congêneres de outros estados.

D) SPED FISCAL (Sistema Público de Escrituração Digital ICMS-IPI) – É uma obrigação entregue por todas as pessoas Jurídicas e equiparadas, que se constitui de um conjunto de escriturações de documentos fiscais e de outras informações de interesse dos Fiscos das unidades federadas e da Secretaria da Receita Federal do Brasil, bem como de registros de apuração de impostos referentes às operações e prestações praticadas pelo contribuinte. A transmissão das informações da EFD (Escrituração Fiscal Digital) ao fisco ocorre mensalmente.

OBRIGAÇÕES MUNICIPAIS

A) DECLARAÇÃO ELETRÔNICA ISSQN (Declaração Eletrônica de Serviços) – É uma declaração que serve para escriturar os documentos fiscais emitidos e os documentos recebidos, relativos a serviços tomados de terceiros, no município. Cada município tem legislação própria, portanto é aconselhável uma consulta na prefeitura local

B) LIVROS MUNICIPAIS – São destinados ao registro dos documentos fiscais relativos aos serviços prestados sujeitos ao ISS, quando contribuinte do ISS.

OBRIGAÇÕES PREVIDENCIÁRIAS

A) CAGED (Cadastro Geral de Empregados e Desempregados) – É uma obrigação trabalhista preparada por todas as pessoas jurídicas e equiparadas, mensalmente, por ocorrência de admissão, transferência ou demissão de empregados.

B) RAIS (Relação Anual de Informações Sociais) – É uma obrigação trabalhista preparada anualmente por todas as pessoas jurídicas e equiparadas que possuam ou possuíram empregados. As empresas que não têm funcionários também devem entregar a RAIS, que nesse caso denomina-se RAIS NEGATIVA. É utilizada para fins estatísticos pelo governo e no cálculo de crédito e pagamento do abono anual do PIS aos empregados.

C) GFIP (Guia de Recolhimento do FGTS e de Informações à Previdência Social) – É de entrega obrigatória para todas as pessoas físicas ou jurídicas sujeitas ao recolhimento do FGTS ou às contribuições/ informações à Previdência Social.

D) DIRF (Declaração do Imposto de Renda Retido na Fonte) parte folha de pagamento – É a declaração feita pela FONTE PAGADORA, com o objetivo de informar à Secretaria da Receita Federal do Brasil:

a. Os rendimentos pagos a pessoas físicas domiciliadas no País, inclusive os isentos e não tributáveis nas condições em que a legislação especifica;

b. O valor do imposto sobre a renda e/ou contribuições retidos na fonte, dos rendimentos pagos ou creditados para seus beneficiários;

c. O pagamento, crédito, entrega, emprego ou remessa a residentes ou domiciliados no exterior, ainda que não tenha havido a retenção do imposto, inclusive nos casos de isenção ou alíquota zero;

d. Informe de Rendimentos – É o documento que deverá ser fornecido pela fonte pagadora, pessoa Física ou Jurídica, que tenha pagado à pessoa Física ou Jurídica rendimentos sujeitos à retenção do imposto de renda na fonte.

ESPAÇO PARA ANOTAÇÕES

CUIDADO

AS ARMADILHAS DAS OBRIGAÇÕES ACESSÓRIAS

Quando você não domina o território onde está jogando, a chance de ser pego numa armadilha é iminente. Imagine você jogando pela primeira vez um jogo de videogame e entrando de cara no maior grau de dificuldade do jogo. Agora imagine que mesmo você sendo um jogador muito experiente, que já tenha jogado esse mesmo jogo centenas de vezes, cada vez que você jogar novamente o cenário e as regras mudaram... assim o ambiente empresarial funciona no Brasil.

Como já descrevi anteriormente, o cenário fiscal e tributário brasileiro muda intensamente todos os dias. Com as obrigações acessórias não é diferente. Elas são criadas por cada esfera de governo para poder monitorar o comportamento dos contribuintes e cada vez com mais detalhes e com maior nível de cruzamento dos dados. A intenção é sempre a de arrecadar mais e ter mais controle sobre toda e qualquer operação.

A questão principal desse emaranhando de obrigações é o cruzamento entre elas. Praticamente todos os órgãos públicos exigem dos setores privados as informações sociais, econômicas e financeiras dos contribuintes. Olhando o mapa abaixo, dá para ter uma noção geral do cruzamento de informações entre os mais diversos setores da economia:

SPED ENTENDA O CONCEITO

Traduzindo a sopa de letras principal, SPED significa Sistema Público de Escrituração Digital, que na prática significa que todos os órgãos e contribuintes deverão fornecer, dentro do padrão definido pelo governo, todas as informações sócio-econômico-financeiras que estarão interligadas pelo mesmo sistema (SPED).

Além dessa padronização e digitalização das informações, já existe implantada nos computadores da Receita Federal inteligência artificial que cruza e analisa essa montanha de dados e informações.

Esse projeto de integração de dados teve início em meados de 2004, porém o SPED foi instituído pelo Decreto 6.022/2007.

Desde então, todos os órgãos públicos brasileiros vêm ajustando seus sistemas para integrar essa rede de dados e fornecer a troca de informações entre eles.

As grandes armadilhas dessas obrigações são:

A) Não estar entregando alguma obrigação a que você está obrigado (seja por desconhecimento ou decisão).

B) Entregar informações divergentes entre si.

C) Acreditar que alguma movimentação e/ou informação registrada em órgãos públicos, bancos, cartórios, Detran, contabilidade, ou em qualquer meio interligado ao SPED, seja através de declarações ou com nota fiscal, não pode ser cruzada com outras.

Chamamos qualquer uma dessas situações acima de "NÃO ESTAR COMPLIANCE" Não estar COMPLIANCE com suas obrigações, em resumo, significa que você ou sua empresa estão em risco fiscal. Na prática, as informações que, por qualquer motivo, estejam divergentes e que, por essa razão tenham gerado recolhimentos a menor ou a maior, ou até mesmo o não recolhimento de tributos, ainda não são 100% apuradas e cobradas.

Isso ocorre não porque não possam ser cruzadas, mas sim pelos fatores de complexidade, volume de dados e até mesmo relevância. Creio eu que o fator relevância deve ser a premissa principal pela qual os órgãos arrecadadores não destinam mais esforços para se aprofundar. Quando me refiro a relevância, acredito que, mesmo o sistema se tornando cada dia mais eficiente e autônomo, ainda assim demandará recursos e estruturas complexas para cobrar. Por mais que os sistemas de fiscalização e apuração possam ser digitais e ultra eficientes, a nossa estrutura jurídica é frágil, lenta e obsoleta, e sem essa convergência o objetivo principal, que é atacar a sonegação, é sempre muito custoso e moroso. O que nos parece, na prática, é que os órgãos de arrecadação avaliam quais os setores mais relevantes, assim como operações de grande volume ou que estejam em destaque, e concentram seus esforços em averiguar se o comportamento da arrecadação desses setores ou de determinadas operações está dentro dos parâmetros de mercado, e assim criam diligências mais focadas.

Assim como nas empresas existem áreas responsáveis por atividades, as equipes de fiscalização também são segmentadas por setores, com o intuito de analisar os dados também de forma segmentada e acompanhar as empresas da mesma maneira.

Uma informação importante, quando se trata de fiscalização federal, é que a Receita Federal do Brasil emite seu Plano Anual de Fiscalização:

http://receita.economia.gov.br/dados/resultados/fiscalizacao/arquivos-e-imagens/2018_02_14-plano-anual-de-fiscalizacao-2018-versao-publicacao_c.pdf

As portarias 2.176 e 2.177 da RF definem para as Pessoas Físicas e Pessoas Jurídicas os parâmetros de acompanhamento diferenciado ou especial. Isso significa que algumas categorias receberão um foco maior da fiscalização federal.

O importante a deixar claro aqui é que você está sujeito à fiscalização Federal, Estadual ou Municipal a qualquer momento, independentemente das agendas.

Com o sistema eletrônico sendo aprimorado diariamente, suas informações estão disponíveis para serem cruzadas e, na prática, o que acontece é que a espessura da Malha Fina está ficando cada vez menor!!!!

XML NF-e
DANFE XML
NF-e
DANFE

ENTENDENDO NF-e, XML E DANFE

Vamos entender de onde vem a maior quantidade de dados a seu respeito ou a respeito da sua empresa!

A maior fonte de dados do Governo vem através das informações que são fornecidas pelo arquivo chamado XML. Através desse arquivo é que todas as informações de uma nota fiscal são enviadas aos órgãos de arrecadação, e através desse arquivo que todo o sistema SPED está baseado. Dentro do arquivo XML, diferentemente do que a maioria das pessoas acredita, existe uma quantidade de informações muito maior do que os campos que aparecem na nota fiscal impressa, hoje chamada de DANFE (Documento Auxiliar da Nota Fiscal Eletrônica). O arquivo XML é a NF-e (Nota Fiscal Eletrônica), isto significa que a antiga nota fiscal impressa foi substituída por esse arquivo. Dessa forma, a nota se tornou digital, ou seja, o que tem valor jurídico é o arquivo, e não aquilo que você imprime. Por esse motivo, sua empresa está responsável por armazenar esses arquivos pelos períodos mínimos de prescrição. Algumas pessoas confundem o DANFE, aquele relatório impresso emitido através do XML, com a nota fiscal. DANFE não é a nota fiscal, a nota fiscal é o arquivo XML. O DANFE, aquele papel impresso através do XML, é apenas um documento de suporte. DANFE é o acrônimo para Documento Auxiliar da Nota Fiscal Eletrônica, que é uma representação gráfica da NF-e (Nota Fiscal Eletrônica), ou seja, é a versão impressa da NF-e e trata-se apenas de um resumo do que contém o XML.

Dentro do arquivo XML existem diversas outras informações que são fornecidas pelos sistemas ERP e que não aparecem no documento impresso. Vamos esclarecer:

A) NF-e: Nota Fiscal Eletrônica – substituiu a emissão de nota fiscal em papel e criou um novo conceito de documento. O documento agora é eletrônico, ou seja, o que tem valor jurídico como nota fiscal é o arquivo que foi gerado e não mais o papel que antigamente era impresso.

B) XML: Esse é o formato do arquivo que contém todas as informações da NF-e, ou seja, o padrão (formato) em que o arquivo é gerado para que uma nota fiscal seja criada.

C) DANFE: Trata-se apenas de um RESUMO impresso das informações da NF-e e que muita gente confunde, acreditando que esse documento auxiliar seja a nota fiscal.

Lembre-se: A nota fiscal é o arquivo digital que foi gerado no formato xml. esse arquivo precisa ser armazenado em ambiente seguro pelo prazo mínimo de 5 anos.

A responsabilidade de armazenamento dos arquivos, tanto emitidos quanto recebidos, é do contribuinte, neste caso, a sua empresa. Alguns escritórios de contabilidade prestam esse serviço de armazenamento junto com os serviços de escrituração. Caso sua empresa não tenha esses arquivos armazenados, consulte seu escritório para saber se ele pode lhe prestar esse serviço.

ESPAÇO PARA ANOTAÇÕES

ESTRUTURAS EMPRESARIAIS

Quando falamos de estruturas empresariais, a ideia é esclarecer 3 pilares importantes para se entender o conjunto que forma essas estruturas. É muito comum os iniciantes do mundo empresarial confundirem tipo da sociedade, tamanho do negócio e regime fiscal. Muito comum, quando perguntamos ao empresário qual o regime da sua empresa, ele responder que é uma ME, ou seja, uma Micro Empresa. Vamos esclarecer a diferença entre TIPO, TAMANHO e REGIME !

TIPOS DE SOCIEDADES

Vamos começar pelo TIPO de sociedade, que define qual estrutura em que a empresa está formatada em sua questão societária, ou seja, quais são as estruturas de sociedade existentes para dar vida a uma pessoa jurídica. Antes de falarmos dos tipos, vale aqui uma pequena reflexão sobre o que significa PJ ou Pessoa Jurídica.

Você sabe que você, como individuo, civilmente é considerado uma Pessoa Física, ou seja, uma pessoa natural com direitos e deveres individuais perante as leis e a sociedade, correto?

Quando falamos de PJ ou Pessoa Jurídica, estamos nos referindo a uma entidade que foi criada para fins específicos e que não se trata de uma pessoa natural, mas que, como uma entidade criada juridicamente, ela tem também seus deveres e obrigações. Costumo fazer sempre um paralelo dizendo que abrir uma empresa tem semelhanças com ter um filho. Por mais que você seja o responsável por ele, a partir do momento em que ele nasceu, ele tem vida própria. Independente do modelo escolhido para sua empresa, a partir do momento em que ela foi criada, ela assume vida própria. Semelhante a um filho, pelo qual os pais são responsáveis, na empresa, você ou os sócios também se tornam responsáveis por ela. Sabemos que o mais saudável para um filho crescer, se desenvolver e poder se tornar independente, é receber orientações e apoio de seus pais, sem que estes interfiram e ajam por eles, fazendo com que eles aprendam a enfrentar os obstáculos sozinhos, correto? Nas empresas, o paralelo é semelhante, ou seja, quanto mais sua empresa for estruturada pelos sócios para crescer e se desenvolver sem a necessidade da interferência direta, mais sustentável e promissora ela se torna. Voltando ao assunto principal... você decidiu ter uma empresa ou passou a fazer parte dela, então vamos entender quais os modelos societários existem no Brasil e quais são as diferenças entre eles. Não existe o melhor modelo, mas sim aquele que melhor atende as suas necessidades, e que pode ser modificado no tempo para que se adequem melhor à situação do momento que o negócio esteja vivendo.

MICRO EMPRESÁRIO INDIVIDUAL - MEI

Como pode ser utilizada: Este modelo de constituição foi criado para empreendedores com pequenos negócios que preferem ou precisam atuar como Pessoa Jurídica. Este formato é equiparado a pessoa jurídica para fins fiscáis.

Principais Características:

A) Este tipo de formação jurídica não contempla sócios e restringe a pessoa de participar de qualquer outro formato societário, ou seja, a pessoa que abre um MEI não pode ter mais nenhum outro negócio e nem participar como sócio.

B) Neste caso existe limitação de faturamento e o valor do imposto é fixo. (como existe atualização deste limite e do valor do imposto, você deve consultá-lo todos os anos).

EMPRESÁRIO INDIVIDUAL

Como pode ser utilizada: O modelo de Empresário Individual ou, como chamado anteriormente, Empresa Individual, é um modelo que, após a criação da EIRELI (vamos explicar abaixo), vem cada vez mais caindo em desuso. No meu ponto de vista, este é o pior modelo societário que existe no Brasil, porque juridicamente ele confunde a empresa com o empresário nos seus bens, direitos e deveres. Este modelo pode ser utilizado por qualquer Pessoa Física que pretenda estabelecer uma Pessoa Jurídica.

Principais Características:

A) Empresa de responsabilidade ilimitada que pode ser constituída por apenas 1 Pessoa Física.

B) O proprietário de uma empresa nesse modelo pode participar de outras sociedades desde que não constitua outra no formato de EIRELI.

C) Pode optar por qualquer regime tributário.

D) A empresa não tem cotas, o sócio é a empresa.

E) Não existe Contrato Social para definir as regras da empresa.

EMPRESA INDIVIDUAL DE RESPONSABILIDADE LIMITADA - EIRELI

Como pode ser utilizada: Este modelo de empresa é uma evolução no Brasil. Supriu a necessidade dos empresários de poder obter a formação jurídica empresarial de forma exclusiva, ou seja, sem a necessidade de outro sócio, limitando sua responsabilidade ao capital social. Este modelo substitui de forma moderna e inteligente a necessidade de se ter sócio, porém mantendo separadas as responsabilidades e obrigações do negócio, seguindo uma tendência mundial.

Principais Características:

A) Cada empresário só pode manter 1 empresa nessa modalidade, não sendo possível ter diversas (no meu ponto de vista um absurdo legal e mais um atraso ao empreendedorismo). Já empresas podem ter mais de 1 EIRELI.

B) Mesmo sendo proprietário de 1 EIRELI, o empresário pode participar de outras sociedades, desde que não sejam EIRELI.

C) A EIRELI pode ser convertida em uma sociedade LTDA com a entrada de outros sócios.

D) A EIRELI tem capital social mínimo que precisa ser integralizado de 100 salários mínimos.

E) A EIRELI pode optar por qualquer regime tributário.

F) O sócio detém 100% das cotas da sociedade.

G) As regras da empresa estão definidas em Contrato Social.

SOCIEDADE LIMITADA - LTDA

Como pode ser utilizada: Essa modalidade de sociedade serve para constituição de uma Pessoa Jurídica de preferência com mais de 1 sócio. Esses sócios podem ser todos Pessoas Físicas, todos outras Pessoas Jurídicas ou uma sociedade formada por Pessoa(s) Física(s) e Pessoa(s) Jurídica(s). Por ser o modelo mais versátil, é o mais utilizado pelos empresários.
Principais Características:

A) A responsabilidade é limitada ao capital social da empresa.

B) Não existe limitação de quantidade de sócios.

C) O montante do capital social é livre.

D) Pode ser vendida, transferida, incorporada, cindida, e adicionar ou excluir sócios.

E) Pode optar por qualquer regime tributário.

F) Os sócios detêm um percentual das cotas da sociedade.

G) As regras de gestão e responsabilidade dos sócios da empresa estão definidas pelo contrato social e por acordo de cotistas.

SOCIEDADE ANONIMA – S/A

Como pode ser utilizada: O modelo de Sociedade Anônima é geralmente utilizado para estruturas maiores de sociedade, pois exige um nível mais complexo de estruturação jurídica. É mais comum verificar esse modelo em companhias de capital aberto que têm suas ações negociadas em bolsa de valores. A Sociedade Anônima tem regras mais especificas de estruturação, demanda uma documentação de constituição e de decisões juridicamente mais complexa. Apesar disso, alguns empresários, mesmo com negócios de menor porte, optam por estruturar suas empresas como S/A, com a intenção de proteção e/ou de preparar a companhia para um crescimento rápido, facilitando a entrada de outros sócios. Esse tipo de sociedade possui duas formatações:

1 - Sociedade Anônima de Capital Fechado – indica que a sociedade está restrita a um grupo de sócios exclusivos que detêm todas as cotas dessa sociedade e se conhecem entre si.
2 - Sociedade Anônima de Capital Aberto – indica que a sociedade está aberta ao mercado, ou seja, mesmo que existam detentores com a maior parte do seu capital, suas ações estão disponíveis para serem adquiridas por terceiros na bolsa de valores. As empresas formatadas como S/A de Capital Aberto têm regras mais especificas na sua constituição e na sua gestão, e são regulamentadas pela Comissão de Valores Mobiliários – CVM no Brasil. Existe ainda uma classificação para as ações (participação acionária) da empresa que definem nível

de risco e responsabilidade em função de estarem disponíveis ao mercado. O nível de governança neste caso também é obrigatoriamente maior em função do órgão regulador e, de forma simplificada, existem ações que dão direito a voto e ações que não dão.

Principais Características:

A) A responsabilidade é limitada ao capital social da empresa.

B) A sociedade pode ser de capital aberto com ações negociadas em bolsa ou fechado restrita aos sócios.

C) A gestão da empresa é de forma colegiada através de votação do conselho deliberativo, formado geralmente pelos acionistas com direito a voto.

D) Os sócios detêm ações da empresa sendo ela aberta ou fechada.

E) As regras da empresa estão definidas no Estatuto Social.

PORTE DE EMPRESAS

Agora que entendemos de forma geral quais são os modelos de sociedade que existem, ou seja, quais os formatos jurídicos existentes no Brasil, vamos entender como são tratados os portes das empresas. Quando falamos de porte da empresa, estamos nos referindo ao tamanho do negócio, ao volume que a empresa opera no mercado. Esse assunto no Brasil é bem confuso e desorganizado, porque não existe uma definição ou uma métrica única que determina o tamanho da empresa. Existem diversos órgãos que fazem, dentro de seus interesses, uma classificação de porte, mas no nosso caso vamos nos concentrar apenas no volume de faturamento, pois é ele quem nos interessa por questões tributárias.

Sua empresa pode ter outra classificação institucional de acordo com o ramo de atividade, ou com o mercado em que está inserida, mas vamos tratar aqui do porte para fins fiscais, que é o mais usual. Classicamente, temos 4 portes de empresas e seus faturamentos (dados de 2018):

1 - MICRO EMPRESÁRIO INDIVIDUAL	**R$ 81.000,00 (ANO)**
2 - MICRO EMPRESA	**R$ 360.000,00 (ANO)**
3 - EMPRESA DE PEQUENO PORTE	**R$ 4.800.000,00 (ANO)**
4 - EMPRESA DE MÉDIO PORTE	**R$ 78.000.000,00 (ANO)**
5 - EMPRESA DE GRANDE PORTE	**ACIMA DE 78 MILHÕES (ANO).**

Essa regra não está escrita em nenhuma legislação, e se levarmos em consideração o ramo de atividade ou outros aspectos de cada negócio, talvez ela não faça sentido algum, mas no próximo tópico, quando estaremos tratando dos regimes fiscais, você irá entender que é dessa maneira que a Receita Federal entende o tamanho da sua empresa, pelos limites definidos em cada um dos regimes.

O importante em você conhecer esses portes é para entender as estruturas jurídicas como um todo e não confundir porte com regime, ou com qualquer outra informação.

Importante é também checar anualmente esses valores, pois alguns mudam com o passar dos anos em função da inflação ou de alterações legais.

ESPAÇO PARA ANOTAÇÕES

REGIME FISCAL

Acredito que entender este assunto é tão importante quanto entender o que você faz. Quando pensamos numa empresa, a primeira coisa que nos vem em mente é o peso dos impostos.

Optar pelo regime fiscal correto é sinônimo de eficiência na gestão, de estratégia correta e de economia de dinheiro.

Quando falamos de apenas 1 empresa de pequeno porte, talvez a decisão não seja tão complexa, porque o número de variáveis seja bem pequeno, mas quando tratamos de grupos de empresas com diversas atividades e diversas estruturas societárias, esse exercício se torna complexo ao ponto de ser necessário um time de profissionais técnicos para estudar o que é mais eficiente.

Isto porque, quando estamos falando de impostos no Brasil, estamos tratando de um emaranhado de leis Federais, Estaduais e Municipais que interferem diretamente na decisão do regime fiscal a ser escolhido.

Aqui vamos tratar apenas de esclarecer os regimes e suas limitações, sem entrar no mérito de qual é o melhor. Não existe receita para isto, pois cada empresa tem particularidades que influenciam essa decisão. Além das particularidades do próprio negócio, ainda existem as particularidades dos sócios envolvidos, clientes, região, tipo de produto, projeção de crescimento e outras diversas variáveis que precisam ser ponderadas em sua decisão.

Meu conselho é: procure um profissional qualificado para discutir as características do seu negócio, para que juntos vocês tomem essa decisão. Essa decisão precisa ser revista todos os anos, pois a legislação muda, seu negócio muda e o mercado muda.

IMPORTANTE – A definição do regime tributário só pode ser alterada no mês de janeiro de cada ano, e depois de tomada a decisão você terá que mantê-la até o mês de dezembro.

A única maneira de sua empresa ser desenquadrada obrigatoriamente de algum regime é ultrapassar os limites de faturamento, o que, no meu ponto de vista, se não foi planejado, pode ser uma catástrofe, ou por uma mudança de atividade que a impeça de estar no regime escolhido.

Sempre digo aos meus clientes que essa decisão depende da análise dos números, ou seja, é preciso fazer contas para avaliar o melhor regime, é preciso entender o planejamento estratégico e as projeções de crescimento ou redução do negócio antes de tomar essa decisão, além de uma série de variáveis como descrevi acima.

Vamos explicar quais são as características básicas de cada regime.

SIMPLES NACIONAL

O Regime do Simples Nacional é considerado o regime mais fácil e, como o próprio nome diz, simples.

No meu ponto de vista, uma verdadeira piada, ou talvez apenas mais uma da nossa legislação tributária.

A primeira versão criada tinha realmente esse objetivo e acredito que foi um grande avanço na época. Com o passar dos anos e a interferência de tecnocratas, o sistema perdeu seu objetivo.

O Governo e os órgãos de classes reinventaram o significado de simples e fizeram os empresários “engolirem” esse regime que, a meu ver, a cada alteração fica pior e mais confuso.

Claro que tudo isso tem a ver com questões políticas e de gestão pública que nós, brasileiros, estamos cansados de saber, em relação às quais, como sempre, a população paga a conta. Com sede de arrecadação e querendo sempre tirar mais de quem gera riqueza para sustentar quem gera burocracia, os sistemas e as leis brasileiras visam sempre punir quem produz, gerando complexos sistemas de observância com alto custo. Mas vamos ao que interessa.

Simples Nacional é hoje um sistema misto, ou seja, até 2017 ele era um sistema integrado de arrecadação de impostos, em que, ao recolher a guia de imposto mensal, todos os impostos deveriam estar sendo supridos de uma forma única.

Com a última alteração promovida pelo Governo, agora mais do que nunca, ele deixou de ser um sistema integrado para ser um sistema misto, em que, de acordo com o limite de faturamento anual, você recolhe impostos de forma integrada ou, se ultrapassar um sub-limite, passa a recolher alguns impostos separadamente.

Aquilo que era para ser simples tornou-se, portanto, bem complexo.

Vamos explicar em detalhes. Se sua empresa fatura até o limite de R$ 4.800.000,00 (quatro milhões e oitocentos mil reais) na média anual, com base sempre na média dos últimos 12 meses, sua empresa em tese pode optar pelo sistema do SIMPLES NACIONAL.

Digo em tese porque existem diversas limitações além do faturamento que impedem sua empresa de fazer tal opção. Essas limitações estão todas descritas na lei do SIMPLES e precisam ser discutidas com seu contador antes de optar, pois a responsabilidade da opção é do contribuinte.

Chamo atenção a esse ponto que é de extrema importância ao empresário. Você deve discutir com seu contador todas as variáveis sobre esse assunto, porque sua empresa pode ser desenquadrada retroativamente pela Receita Federal, caso você não tenha observado todas as restrições de adesão a esse sistema.

SIM, a Receita Federal não valida sua opção quando você entra no sistema, pois essa responsabilidade é do contribuinte, porém, caso você tenha optado e não tenha observado alguma restrição que lhe impediria, sua empresa poderá ser desenquadrada retroativamente desde a opção, tendo que reclamar na justiça os valores recolhidos através do SIMPLES e recolher todos os impostos novamente em outro regime com multa e correção.

Voltando à explicação do sistema SIMPLES, conceitualmente ele inclui os principais impostos federais, estaduais, municipais e previdenciários numa única guia.

Sua empresa, estando apta a entrar no sistema, será classificada de acordo com as atividades que exerce; em tabelas e através do faturamento médio acumulado nos últimos 12 meses, serão definidas as alíquotas aplicadas ao faturamento do mês.

Na regra atual, existem dois limites a serem observados:

A) Se a empresa faturar no acumulado médio anual até o limite de R$ 3.600.000,00, todos os impostos principais estarão incluídos na guia de recolhimento.

B) Se a empresa ultrapassar o limite acima, ela passa a recolher o ICMS e o ISS de forma destacada, ou seja, como se estivesse recolhen-

do esses dois impostos fora do regime do SIMPLES.
Lembrando que, se a empresa ultrapassar o limite de R$ 4.800.000,00, ela será desenquadrada. Esse desenquadramento também tem dois limites a serem observados, mas antes vamos lembrar de uma regrinha citada anteriormente, de que só podemos alterar o regime no mês de janeiro, correto?
Okay... Se sua empresa ultrapassar o limite, automaticamente no ano seguinte, em janeiro, ela não pode mais optar pelo sistema, obrigando-o a escolher outro regime; mas caso sua empresa ultrapasse esse limite acima de 20%, será desenquadrada no mesmo ano e será obrigada a recolher retroativamente todos os impostos por outro regime. Além disso, quando ela ultrapassa o limite normal, as alíquotas para essa faixa dos 20% acima são bem mais altas.
Ou seja, planejar o crescimento e a estrutura da sua empresa é fundamental para não incorrer em custos tributários que podem inviabilizar seu negócio.
SIM, eu concordo com você, que essa regra chega a ser estúpida, uma piada de mau gosto, pois impede que uma empresa possa ter um crescimento acelerado e pune o empresário porque ele cresceu, mas, como eu já disse anteriormente, o governo não se preocupa com isso, pois somos um país que pune quem produz para satisfazer a burocracia incompetente daqueles que elegemos. Segue o jogo...

Veja, apesar dos pontos colocados, esse sistema ainda carrega vantagens ao pequeno empresário. No meu ponto de vista, para as empresas que estão aptas a adotar o regime e estão faturando até o limite dos R$ 3.6 milhões ao ano, é muito provável que a conta dos impostos ainda seja vantajosa. Se levarmos em consideração que dentro dessa alíquota todos os impostos federais, estaduais, municipais e previdenciários estão incluídos, estar em outro regime pode não ser vantajoso. Como já citei anteriormente, minha sugestão é fazer contas, ou seja, simular quanto sua empresa pagaria se estivesse em outro regime e comparar com a situação atual.

Mais uma vez sugiro que procure um especialista (seu contador) e discuta com ele esses números e todas as variáveis que envolvem seu negócio para tomar uma decisão mais assertiva.

Resumindo:

- Simples Nacional – empresas que faturam até R$ 4.800.000,00 por ano, sendo que a partir de R$ 3.600.000,00 passam a recolher os impostos estaduais e municipais separadamente;
- Se ultrapassar em mais de 20% o limite dentro do exercício, será desenquadrado ainda dentro do próprio exercício, devendo recolher todos os meses em outro regime sem poder compensar o que já foi pago.
- Existem várias regras a serem observadas para se optar e a responsabilidade por essa verificação é do contribuinte, e não da Receita Federal.
- Faça as contas anualmente para saber se compensa se manter no sistema ou se existe uma possibilidade de sua empresa ser desenquadrada pelo crescimento.

LUCRO PRESUMIDO

O Regime do Lucro Presumido, como o próprio nome diz, estabelece uma presunção de resultado prévio de acordo com a atividade empresarial exercida.

Empresas que faturam até R$ 78 milhões de reais no ano calendário podem optar por esse regime.

O Lucro Presumido tem a intenção de criar um step intermediário entre o SIMPLES e o Lucro Real na apuração de impostos, uma vez que ele, através do enquadramento da atividade, pressupõe uma margem de resultado auferido independentemente dos resultados apurados na contabilidade.

Nesse regime, são definidas 3 faixas de presunção para o IRPJ:

A) Faixa de 8% de base de cálculo
B) Faixa de 16% de base de cálculo
C) Faixa de 32% de base de cálculo

E duas faixas de presunção para a CSL:

A) Faixa de 12% de base de cálculo
B) Faixa de 32% de base de cálculo

Essas bases são utilizadas para se calcular o Imposto de Renda da Pessoa Juridica (IRPJ) e a Contribuição Social sobre o Lucro (CSL).

O que a lei determina em faixas é apenas a base de cálculo para o imposto de acordo com cada tipo de atividade, devendo-se aplicar as alíquotas de IRPJ e de CSL, que são respectivamente 15% e 9%.

Essas bases são aplicadas ao faturamento trimestral da empresa e na sequência são aplicadas as alíquotas.

Além dos 15% de IRPJ, quando a empresa atinge um valor de lucro superior a R$ 60.000,00 (sessenta mil reais) no trimestre, todo o valor que ultrapassar esse limite pagará um adicional de 10% de Imposto de Renda. Na prática, se temos as bases e as alíquotas, chegamos a uma alíquota final que pode ser aplicada ao faturamento para se saber diretamente quanto de imposto será calculado sobre o faturamento. Veja:

IRPJ – Aliquota de 15%

A) Aliquota de 15% sobre Base de 8% = 1,2%

B) Aliquota de 15% sobre Base de 16% = 2,4%

C) Aliquota de 15% sobre Base de 32% = 4,8%

+ Adicional de 10% sobre o que ultrapassar R$ 60.000,00 no trimestre.

CSL – Aliquota de 9%

A) Aliquota de 9% sobre Base de 12% = 1,08%

B) Aliquota de 9% sobre Base de 32% = 2,88%

Sendo assim, dependendo da atividade que sua empresa exerce, ela irá pagar:

IRPJ Lucro Presumido – 1,2% - 2,4% - 4,8%

CSL Lucro Presumido – 1,08% - 2,88%

Além do IRPJ e da CSL, você terá ainda a incidência dos demais impostos Federais, Estaduais e Municipais de acordo com a sua atividade.

Outros impostos incidentes:

FEDERAL
A) PIS – 0,65%
B) COFINS – 3,00%
ESTADUAL
A) ICMS – a alíquota depende do estado.
MUNICIPAL
A) ISS – a alíquota depende da cidade.

Um esclarecimento que precisa ser feito sobre o Lucro Presumido, e sobre o que muito ouvi confusões a respeito, é que a melhor opção entre o presumido e o real é sempre o real, pois o cálculo é efetivamente sobre o que houve de lucro e não sobre uma presunção.

Deixo claro aqui que só existe uma maneira de confirmar qual é a melhor opção, que é fazendo os cálculos em cada uma das alternativas. Isto porque existem empresas que, SIM, se beneficiam do Lucro Presumido, ou seja, que pagam menos impostos optando por esse regime, principalmente porque a metodologia de cálculo no Lucro Real muda em relação ao PIS e COFINS, e também porque muitas vezes o lucro auferido pela empresa é maior do que aquele que está definido na lei. Sendo assim, ao aplicarmos as regras do Presumido em vez do Real, a empresa acaba pagando menos tributos.

Além disso, o Lucro Presumido permite uma maior flexibilidade de tempo e de organização para as empresas efetuarem suas escriturações contábeis, além de permitir também maior flexibilidade no reconhecimento de despesas, uma vez que elas não interferem diretamente na apuração dos impostos.

Empresas que ainda não têm um nível de governança alto, podem se prejudicar se não optarem pelo Presumido em função da falta de controles adequados para a correta apuração no Real.
O contexto organizacional da empresa, o conhecimento e profissionalismo do profissional que está prestando o serviço ou executando a contabilidade devem também ser levados em consideração antes da decisão de sair do Presumido.
Outro fator relevante é o custo de manutenção da contabilidade, que no Presumido sempre tende a ser menor do que no Real.

LUCRO REAL

O Regime do Lucro Real é baseado na apuração através da contabilidade do lucro auferido pela companhia.
Empresas que faturam acima de R$ 78 milhões de reais no ano calendário estão obrigadas a optar pelo Lucro Real, ou seja, quando ultrapassam esse faturamento não podem optar por outro regime. Faturar menos que esse limite não impede a empresa de fazer a opção pelo Regime do Lucro Real.
Quando falamos de apuração, estamos nos referindo especificamente às bases para o cálculo do IRPJ e da CSL.
Esses dois impostos, que são incidentes sobre o lucro, devem ser calculados através da apuração contábil dos lucros auferidos na contabilidade, levando em consideração sua escrituração e com base num livro auxiliar chamado de LALUR – Livro de Apuração do Lucro Real.
Esse livro auxiliar, que atualmente é eletrônico, serve para determinar, através do RIR – Regulamento do Imposto de Renda, quais despesas dedutíveis e despesas indedutíveis devem ser consideradas no

cálculo para o pagamento do IRPJ + Adicional e da CSL.
Quando falamos de despesas dedutíveis e indedutíveis, nos referimos a despesas que são lançadas na contabilidade e que têm autorização regulamentar para serem abatidas do IRPJ e da CSL, e a outras despesas que, por não serem permitidas, devem ser adicionadas à base de càlculo para incidência de ambos.

Isso significa, na prática, que determinadas despesas pagas pela empresa, principalmente aquelas que não são necessárias ao negócio, devem ser "desconsideradas" no momento em que se faz a apuração a fim de determinar a base de cálculo correta para se pagar os tributos devidos. Esse ajuste é feito obrigatoriamente para que os empresários não exerçam a chamada distribuição disfarçada de lucros, segundo a qual, ao lançar despesas pessoais ou outras despesas na empresa, sejam beneficiados reduzindo a base de cálculo e consequentemente o imposto a ser pago.

Além dos ajustes necessários para o pagamento do IRPJ e da CSL, ao se optar pelo Lucro Real, outra característica que difere essa opção das demais é o cálculo não cumulativo do PIS e da COFINS.
Como mostrado anteriormente, no Lucro Presumido o PIS e a COFINS são calculados diretamente sobre o faturamento; no caso do Lucro Real existe a necessidade de apuração desses dois tributos através da não cumulatividade, ou seja, a empresa pode aproveitar créditos recebidos de insumos e determinadas despesas para abater do valor a ser recolhido.
Semelhante ao cálculo do ICMS, que também utiliza o método de débitos e créditos, nesse caso, de acordo com o regulamento específico,

determinam-se quais são as compras/despesas que podem gerar créditos de PIS e COFINS e através de apuração especifica calculam-se os tributos.

Neste caso temos:

IRPJ – 15% sobre o Lucro + 10% de adicional acima de R$ 60m
CSL – 9% sobre o Lucro
PIS – 1,65% sobre o faturamento menos os créditos
COFINS – 7,60% sobre o faturamento menos os créditos

Veja que, apesar do PIS e COFINS serem não cumulativos, as alíquotas são muito superiores às aplicadas no Presumido. Esse é um dos principais fatores a serem levados em consideração e calculados antes de se decidir sobre a mudança de regime. Verificar claramente quais serão os créditos possíveis de PIS e COFINS pode fazer uma grande diferença entre o Real e o Presumido.

O Regime do Lucro Real exige que a empresa tenha um nível de governança no mínimo razoável em relação à gestão de suas despesas e custos. Isto porque a contabilidade tem prazos mais justos para o fechamento e depende de diversos controles internos para que a apuração seja bem feita e correta.

Controles de estoque, controles financeiros adequados, controle de custos ajustados, controle de ativos e depreciações, controle das provisões previdenciárias e assim por diante.

A empresa que opta em apurar seus impostos pelo Lucro Real deve ter sempre em mente que o fluxo de informação entre as áreas e, principalmente, com a contabilidade, deve ser de alta frequência e qualidade.

A contabilidade trabalha com informação e, se ela não fluir de forma adequada até os profissionais, pode causar prejuízos, fazendo com que a empresa pague mais imposto do que o devido, ou gerar passivos obscuros pelo cálculo errado dos tributos.

INFO

INFORMAÇÕES ADICIONAIS IMPORTANTES

PREÇO DE TRANSFERÊNCIA (TRANSFER PRICING) (INFORMAÇÃO RELEVANTE PARA EMPRESAS QUE EXPORTAM/IMPORTAM DE EMPRESAS VINCULADAS)

Desde 27/12/1996, com a edição da Lei 9.430, foi introduzido no cenário jurídico brasileiro o regime do preço de transferência, conhecido internacionalmente como "transfer pricing".

As disposições do "transfer pricing" foram inspiradas nos princípios existentes no modelo da Organização de Cooperação e Desenvolvimento Econômico (OCDE), organismo internacional que procura disciplinar o comércio entre países que dele participam e na legislação tributária dos Estados Unidos da América.

Afinal, o que é, para que serve e quais empresas estão sujeitas a essas regras?

Definindo de forma simplista e direta, as regras de "transfer pricing" devem ser aplicadas a todas as empresas que exercem atividades de importação ou exportação com outra pessoa vinculada (física ou jurídica).

Podemos definir como "preço de transferência" um conjunto de regras que fazem a admissibilidade legal para fins de dedutibilidade do custo nas importações e a admissibilidade como receita nos casos de exportação, de pessoas físicas ou jurídicas, que efetuam transações com empresas vinculadas no exterior.

Hoje é comum, com o mercado globalizado e com a criação dos mercados comuns, empresas de pequeno e médio porte participarem de transações de importação e exportação. Desta forma, é importante que os empresários tenham conhecimento sobre essas regras, que muitas vezes influenciam em suas tomadas de decisão.

O primeiro passo a dar em relação ao "transfer pricing" é a definição do conceito de pessoa vinculada, ou seja, a empresa que está importando ou exportando definir claramente se o outro polo da negociação é considerado como um polo vinculado ou não.

Para isso, é necessário que seja feito um estudo na legislação vigente, atentando-se aos detalhes das empresas que estão procedendo à transação, e da própria operação mercantil que está sendo desenvolvida, pois trata-se especificamente, dentro da legislação, de todas as particularidades envolvidas.

Conceito de similaridade, comprovação dos preços médios, margem de divergência, países com tributação favorecida, entre outros, são aspectos que deverão fazer parte do estudo para definição de como tratar os preços nas importações e exportações.

GESTÃO ESTRATÉGICA DE IMPOSTOS

Dúvidas são comuns quando tratamos de tributação de uma forma

geral. É comum que empresários desconheçam assuntos como a questão da opção quanto à tributação de seus impostos. Simples, Imposto de Renda, Contribuição Social, PIS, COFINS, IPI, INSS, ISS, FGTS, ICMS, enfim, o emaranhado é enorme e a confusão para quem não se relaciona constantemente com isso é inevitável.
No Brasil, temos três esferas de poder, e dentro de cada uma delas uma legislação específica e imensa que trata da tributação de forma individual, mas essas esferas acabam se inter-relacionando. Federação, Estado e Município regulamentam suas arrecadações através de leis, que na teoria deveriam respeitar nossa Constituição, o que nem sempre acontece. Nesses casos, uma das estratégias da gestão tributária é recorrer ao nosso Judiciário.

Mas a gestão de tributos não se refere apenas a medidas processuais, sejam elas administrativas ou judiciárias, na verdade, deve tratar de um estudo amplo onde todas as ramificações e reflexos devem ser considerados. Neste estudo, os reflexos devem ponderar em vários casos, até as pessoas físicas que compõem o quadro societário da empresa.

Como temos uma legislação muito dinâmica e voraz, várias ferramentas devem ser consideradas na gestão. Além de uma consultoria contábil atualizada e ritmada com a legislação, os planos de auditoria e as checagens fiscais devem fazer parte da rotina administrativa das empresas.

O universo de variáveis que devem ser consideradas antes de se optar por este ou aquele sistema deve ser planificado, levando em consideração inclusive a tipificação dos clientes e dos principais fornecedores.

Quais fornecedores geram crédito, quais clientes compram com ou sem crédito, enfim, até a opção tributária dos clientes e fornecedores influencia nessa decisão.

O que é importante salientar é que nenhum sistema de tributação desobriga a empresa de manter as escriturações contábeis. Ela é obrigatória, independentemente do tamanho, atividade ou qualquer outro fator estrutural ou conjuntural que se faça presente na realidade do negócio, pois tal escrituração é imposta pelo Código Civil Brasileiro, que hierarquicamente é superior ao Regulamento do Imposto de Renda, e sempre com base nesses registros é que poderemos partir para o estudo das variantes de cada negócio para determinar a melhor estratégia no que se refere à tributação.

Gerir estrategicamente seus impostos é acompanhar constantemente qual o impacto que eles geram no seu fluxo de caixa e nos resultados da companhia. Avaliar sempre a legislação que está em constante mudança e decidir de forma objetiva, através de cálculos, quais são as melhores e possíveis práticas para se pagar a menor taxação tributária possível dentro da lei.

RECUPERAÇÃO DE IMPOSTOS

Dentro do tema de gestão estratégica de impostos, uma variável que não deve nunca ser descartada é a recuperação de impostos. Todo empresário no Brasil deve saber que muitos tributos e cálculos tributários no Brasil foram e são questionados a todo momento. Com isso, a possibilidade que existe, de recuperar impostos que foram recolhidos e que não eram devidos, é real e factível dentro do universo tributário brasileiro.

Existem as mais diversas teses sobre impostos que podem ser restituídos, assim como maneiras de se fazer isso.
Minha sugestão sempre é que você esteja sendo orientado por advogados e contadores da sua mais alta confiança. Existem muitos aventureiros nesse universo em busca de dinheiro fácil, que prometem verdadeiros milagres, e já vi muito empresário experiente sendo enganado pela má fé desses profissionais.

Existem impostos que já foram julgados na mais alta instância do judiciário e por isso já têm decisão transitada em julgado. Isso, na prática, significa que esses impostos já estão passiveis de serem recuperados. Existem ainda teses muito consolidadas sobre tributos indevidos. Minha sugestão é que, nesse aspecto, você seja sempre conservador. Recupere apenas o que está pacificado; se for tese discuta fazendo a devida reserva de caixa ou ainda recolhendo o tributo para depois pedir compensação. Ser conservador nessa área vai além da prudência, pois existem decisões políticas envolvidas nesse cenário e não vivemos ainda no Brasil uma situação de plena segurança jurídica. Isso pode evitar grandes dissabores para você e seu negocio, ou até salvaguardar a empresa de uma falência ou grandes dificuldades por passivos tributários que podem ser gerados. Minha sugestão é sempre de manter o máximo de conservadorismo.

TABELA DE IMPOSTOS

Regime	Federal	Estadual	Municipal	Previdência
MEI	Darf Mensal	×	×	×
SIMPLES	Simples Nacional (tabela)	Imposto Embutido		
PRESUMIDO	IRPJ CSL PIS COFINS	ICMS	ISS	INSS FGTS
REAL	IRPJ CSL PIS COFINS	ICMS	ISS	INSS FGTS

PLANEJAMENTO SOCIETÁRIO

Planejamento estratégico de impostos também envolve, na maioria das vezes, uma re-planejamento societário. Quando falo de planejamento societário, refiro-me à estratégia utilizada para a organização da sua sociedade. Em empresas que não estão no SIMPLES, é possível pensar num planejamento através de Holdings, Fundos de Investimento e outras ferramentas que, além de poderem gerar uma menor tributação, também m atender uma necessidade futura para o planejamento sucessório aos herdeiros.

Planejamento societário também tem um viés de proteção aos acionistas ou quotistas da empresa. No Brasil ocorre de forma muito pragmática a desconsideração da personalidade jurídica em discussões judiciais, transferindo aos sócios ou acionistas da empresa a responsabilidade direta sobre os atos ou responsabilidades que deveriam estar limitados ao negócio. Por essa razão, o planejamento societário muitas vezes é feito para proteger os acionistas dos atos administrativos dos gestores da empresa.

Outro fator de grande relevância quando falamos de planejamento societário envolve a possibilidade da entrada de investidores.

Quanto mais profissional a sua estrutura societária, mais fácil a entrada de investidores no seu negócio. A entrada de investidores é sempre uma situação a ser considerada, uma vez que capital bem investido faz com que a empresa cresça. Existem diversas maneiras de o investidor aportar capital no seu negócio, mas numa estrutura já planejada o investidor sente-se mais seguro.

Falaremos mais sobre investidores no capitulo de Ciclo de Investimentos.

PLANEJAMENTO SUCESSÓRIO

Planejamento sucessório é a organização feita para facilitar, agilizar e gerar o menor impacto tributário possível aos herdeiros. Pensar em planejamento sucessório é administrar sua empresa, seus bens e seu patrimônio de uma forma inteligente e eficiente para que os herdeiros não precisem ser impactados ao receber seus bens. Antecipar esses eventos, em alguns casos, economiza muito dinheiro, não só de inventário como de impostos, escrituras etc. As empresas organizadas planejam a continuidade e a sucessão dos negócios para que eles se mantenham sustentáveis mesmo com o falecimento de acionistas ou sócios relevantes. Planejar a sucessão, além de facilitar o processo aos herdeiros, tem o viés de manter sustentável o próprio negócio. Em empresas familiares, que são a grande maioria do universo empresarial no Brasil e, acredito, no Mundo, é comum famílias entrarem em litígio pela disputa do negócio. Se não houver um planejamento sucessório bem definido e que vise a continuidade da empresa, a chance de o negocio sucumbir ao litígio é enorme. Buscar a profissionalização da gestão e o planejamento sucessório deveria ser uma obrigação dos empresários. Essa cultura é bem difundida nos EUA, onde os empresários pensam, em sua grande maioria, na longevidade do negócio, separando bem a empresa dos sócios e seus herdeiros. Se sua empresa já atravessou os desafios iniciais e está se consolidando, seu próximo desafio é criar seu planejamento sucessório.

ARQUITETURA CONTÁBIL/FISCAL

De acordo com a legislação atual brasileira, o início do ano é o momento de decidir sobre a melhor estratégia tributária e, com isso, optar pelo regime tributário pelo qual sua empresa deverá recolher os impostos por todo aquele ano. Como a opção pelo regime ideal tem que ser feita já no começo do ano calendário, o planejamento deve acompanhá-lo. O planejamento tributário é tão importante quanto formular o preço de um produto ou serviço, e o planejamento deve envolver inclusive a situação patrimonial dos sócios. Para escolher entre Lucro Real, Lucro Presumido ou Simples, considere os seguintes fatores:

A) Sua empresa está autorizada a escolher esse regime.

B) Sua empresa avaliou o impacto para clientes e fornecedores da escolha que foi feita.

C) Sua empresa fez as contas em todos os regimes possíveis e optou por aquele que traz maiores benefícios.

D) Sua empresa acompanha a contabilidade periodicamente e discute com o contador, diretores e gerentes seus números para tomar decisões.

Avaliando todos esses pontos você estará seguro para tomar uma decisão assertiva, sabendo que os pontos mais relevantes foram discutidos. Muito comum ouvir dos empresários que ou ele não sabe qual o regime em que a empresa se encontra ou que a decisão foi tomada pelo contador porque ele "achou" melhor. Não é raro encontrar empresas que estão pagando mais impostos do que deveriam pelo simples fato de nunca terem avaliado qual seria o melhor regime. Fico sempre imaginando que, se o empresário não se preocupa com quanto imposto ele está pagando, existe um a grande chance de ele não estar se preocupando com muitas outras coisas em sua empresa. Não existe uma receita pronta, capaz de indicar com precisão a melhor modalidade de tributação, e vários são os pontos que devem ser levados em conta na hora da decisão, como a lucratividade, atividade da empresa, valor da folha de salários, opção por contratar mão-de-obra terceirizada, valor do faturamento, e muitos outros detalhes. São muitas as variáveis em cada negócio que podem afetar o estudo, por isso é importante avaliar sempre. Lembre-se de que o próprio negócio muda constantemente, então revisar isso anualmente deve ser uma rotina a ser estabelecida por você na sua empresa e com seus diretores e contadores.

Atualmente, com a evolução tecnológica, os livros se tornaram digitais, e as informações que antes serviam apenas de registro histórico passaram a ser diferenciais competitivos. Isto levou os contadores a saírem dos bastidores e passarem a estar ativamente no cenário dos negócios.

Como em todas as profissões, sempre existirão os bons e os maus profissionais, e toda empresa de sucesso sabe da importância e o que representa ter profissionais capacitados em sua equipe. Ter um bom contador é investir numa grande fonte de informações e, consequentemente, cuidar da saúde dos seus negócios, afinal, estamos vivendo a era da informação. Pense no contador como uma pessoa estratégica no seu negócio, e não como uma obrigação para preencher guias de impostos. Separe a execução dos registros históricos, ou seja, processamento de contabilidade, folha, impostos, do profissional com alto conhecimento e valor agregado. Ter um contador multidisciplinar no seu negócio significa ter uma ferramenta de estratégia que traduz a sua empresa através dos números.

ESPAÇO PARA ANOTAÇÕES

Já imaginou o dia em que entrar em seu estabelecimento um robô com o crachá da Receita Federal e se conectar com a sua rede para apurar seus tributos?

Parece filme de ficção científica, mas não é, a inteligência artificial já está fazendo parte da nossa rotina. Hoje seu celular tem protótipos de IA, gadgets começaram a interagir com você, bancos já têm atendimento através desse princípio. Nenhuma novidade até aí, porém, os computadores que estão sendo equipados com a tecnologia chamada de BI (Bussines Inteligence) são os da Receita Federal e Fazendas Estaduais. Claro que isso é uma analogia hollywoodiana, porque, com os avanços da tecnologia, não é mais necessário o robô ir até você, pois ele já está conectado a tudo o que você faz, uma vez que os dados estão todos disponíveis nos órgãos governamentais. O alvo de tamanho investimento são os sonegadores. A fiscalização nas últimas décadas vem avançando muito e vem se reposicionando em relação aos longos anos de ineficiência. Esse processo teve início nos anos 1990, e já foram investidos milhões de dólares nesse projeto. Entendendo um pouco mais sobre essa tecnologia de inteligência artificial, temos algo que busca a semelhança com o cérebro humano, em que, através de imensas bases de dados e de processadores potentes, pode-se fazer cruzamentos de acordo com hipóteses, trabalhar dados contextualizados, procurar relações de causas e efeitos, enfim, agir como um agente fiscalizador, que tem a capacidade de digerir toneladas de dados num tempo recorde. Assustador se fosse simplesmente isso, porém atualmente a fiscalização vem utilizando apenas uma pequena parte de sua capacidade de processamento, e o mais importante é que a tecnologia não para de se desenvolver. Acompanhar a tecnologia seria sensato, no entanto vale lembrar que a tecnologia que estará disponível daqui a 5 anos poderá ser utilizada para fiscalizar os fatos de hoje. A pressão para esse avanço não vem apenas da questão arrecadatória, mas também de organismos e empresas nacionais e internacionais que veem na sonegação uma concorrência desleal aos seus propósitos. Nesse ponto, o papel da contabilidade se torna cada vez mais importante. A troca de dados é intensa e detalhada. Saber o que está sendo entregue, e como, torna-se fundamental para saúde fiscal de uma empresa.

ORIENTAÇÕES GERAIS SOBRE FISCALIZAÇÃO

Sua empresa, assim como você, estão sujeita à fiscalização a qualquer tempo. Sempre que você estiver sofrendo algum tipo de fiscalização, dois profissionais devem ser acionados imediatamente para que você receba as orientações corretas:

A) Seu Advogado
B) Seu Contador
C) Você deverá ser notificado a apresentar documentos.
D) Você só pode ser surpreendido pela fiscalização se os agentes vierem acompanhados de uma ordem judicial de busca e apreensão de documentos, informações, computadores etc.

Você não pode evitar a fiscalização na sua empresa, mas pode se sentir seguro ao ser fiscalizado se estiver cercado de bons profissionais. Com a atual legislação fiscal brasileira, não existe nenhum profissional que possa garantir segurança absoluta ao seu negócio, afinal, estamos falando de mais de 15 milhões de regras fiscais no Brasil. Mas você terá, sim, mitigado enormes falhas se estiver sendo bem assessorado. A diferença muitas vezes entre você contratar um bom profissional, em vez de se preocupar exclusivamente com o investimento a ser feito nessa área, pode ser o divisor entre a empresa se manter ativa ou fechar as portas.

Passivos tributários, trabalhistas e previdenciários muitas vezes quebram a empresa por terem sido relegados a segundo plano.

Empresário que mantém seu negócio baseado em sonegação de impostos ou em se financiar pelo não pagamento deles, cria um negócio sem longevidade e deixa uma terrível herança aos seus familiares.

Seu negócio precisa ser sustentável pagando os impostos. Planeje, crie alternativas, estruture de forma diferente, reveja seus custos, seus preços, mas não crie uma empresa como um castelo de areia.
Não quero dizer com isso que a carga tributária brasileira seja justa, pelo contrário, ainda é uma das mais altas do mundo e com baixíssimo retorno aos contribuintes.
Se a carga está demasiada sou a favor de lutar de forma justa e honesta para que ela reduza.

VOCÊ ESTÁ CADUCO? E SEUS IMPOSTOS, ESTÃO?

Imposto caduca? Vamos entender um pouco sobre essa maneira peculiar de os contribuintes traduzirem os prazos em que a fiscalização tem direito de cobrar e verificar os impostos declarados e recolhidos.

A lei prevê dois tipos de prazos em relação aos impostos no país. Um deles trata do direito da fiscalização de verificar aquilo que o contribuinte apresentou aos entes tributantes, e o outro, do direito de se cobrar o que foi verificado.

Os impostos no Brasil são apresentados à fiscalização, ou seja, nós, como empresas e como pessoas físicas, apresentamos nossas declarações, confeccionamos nossas guias e recolhemos os impostos. Esse sistema é chamado de sistema por homologação, ou seja, os órgãos que administram os tributos homologam aquilo que nós, como empresas e contribuintes, apresentamos aos cofres públicos.

Sendo assim, nosso sistema de tributação é por homologação.

Voltando à questão dos prazos de verificação e cobrança, nós temos dois tratamentos:

01 – Decadência: A decadência, que é de 5 anos, diz respeito ao prazo que a fiscalização tem para verificar os impostos, ou seja, a partir do momento em que o fato gerador ocorreu (quando você passou a dever o tributo), a fiscalização teria 5 anos para verificar aquela obrigação. Passado esse tempo, o tributo decaiu, ou seja, não pode mais ser verificado, sendo assim, se não pode ser verificado, também não pode ser cobrado. Vale lembrar que esse prazo é para tributos que ainda não foram verificados e muito menos inscritos em dívida ativa.

02 – Prescrição: A prescrição que também é de 5 anos, trata do prazo que a fazenda tem para cobrar o imposto, ou seja, se inicia a partir do momento em que o tributo foi verificado e apurado, sendo, consequentemente, posterior ao prazo da decadência.

Trocando em miúdos, o imposto que você eventualmente deixou de recolher hoje teria 5 anos para ser fiscalizado, e depois de fiscalizado a Fazenda tem mais 5 anos para cobrar esse tributo de você; na prática, um tributo pode ter que ser pago 10 anos após o seu fato gerador.

Essa é a regra geral, porém no Brasil até isso é discutível nos tribunais! Vale lembrar que, depois de ajuizado ou inscrito em dívida ativa, o débito não prescreve mais, ou seja, daí para a frente a gente caduca, mas o imposto, não!

ESPAÇO PARA ANOTAÇÕES

RESPONSA
BILIDADES

MATRIZ DE RESPONSABILIDADE

Um importante instrumento para estabelecer sua relação com a contabilidade é você definir uma matriz de responsabilidade. Sabemos que a responsabilidade de executar as obrigações pertinentes ao universo contábil é do seu contador ou escritório, porém, é muito importante que estejam definidas claramente quais são essas obrigações, qual é o escopo dessas obrigações e, principalmente, o papel que cada parte irá exercer e pelo qual irá se responsabilizar nesse processo. Isso, na prática, significa que, para que o seu contador preste um bom serviço, ele precisa também receber informações de forma organizada e de boa qualidade. O fluxo e a qualidade de informações são os principais fatores de sucesso ou de fracasso nessa relação, pois, sem que estejam bem estabelecidos, tanto o contador quanto sua empresa podem ser prejudicados. Sendo assim, ao estabelecer uma matriz onde cada parte tenha definido qual o seu papel, qual a sua responsabilidade e prazo para que essa informação seja disponibilizada, a relação fica mais clara para ambos. Numa matriz, o ideal é que ela tenha a relação das principais obrigações das áreas contratadas, o prazo que cada um tem para disponibilizar as informações para que seja processada ou tratada e qual a responsabilidade de cada um nesse processo. A ideia não é matriciar toda e qualquer obrigação, mas que sejam matriciadas pelo menos as mais relevantes ou estratégicas, para que não haja dúvidas sobre quem, quando e como ela serão tratadas, entregues ou cumpridas. Segue um modelo simplificado de matriz para que você use como exemplo a ser estabelecido com seu contador, e que depois, caso julgue necessário, pode ser sofisticado à medida que surgirem novas necessidades.

MATRIZ DE RE

OBRIGAÇÕES	LEGISLAÇÃO					CLIENT				
	PERIODICIDADE					CLIENTE				
	DIÁRIO	MENSAL	QUINZENAL	TRIMESTRAL	ANUAL	RESPONSABILIDADE INFORMAÇÃO	ENVIO DOS DADOS	REQUISIÇÃO DO SERVIÇO	APROVAÇÃO DE CUSTO	CUSTóDIA PERMANENTE
CAGED - Cadastro Geral de Empregados e Desempregados (MTE)		●								
GFIP/SEFIP		●								
RAIS - Relação Anual de Informações Sociais					●					
Fiscalizações Trabalhistas	●					●				
Declaração de Nota Fiscal Paulista		●				●	●			
Declarações Municipais - Serviços Prestados/Tomados		●								
Fiscalizações - Municipais/Estaduais-SP/Federais	●									
GIA - Guia de Informação e Apuração (ICMS e ICMS/ST)	●									
EFD - REINF		●								
PER/DCOMP - Pedido Eletrônico de Compensação, Restituição e Ressarcimento		●								
DESTDA - Simples Nacional relativa à Substituição Tributária e ao Diferencial de Alíquota	●					●				
EFD Contribuições - Escrituração Fiscal Digital PIS/COFINS (RPA)		●								
EFD Fiscal - Escrituração Fiscal Digital ICMS/IPI (RPA)		●								
COAF - Conselho de Controle das Atividades Financeiras		●								
DCTF - Débitos e Créditos Tributários Federais					●					
DEFIS - Declaração de Informações Socioeconomicas e Fiscais		●								
DIRF - Declaração do Imposto Sobre a Renda Retido na Fonte					●					
DIMOB - Declaração de Informações Sobre Atividades Imobiliárias					●					
DMED - Declaração de Serviços Médicos e Saúde					●	●	●			
IBGE - Instituto Brasileiro de Geografia e Estatística					●					
SPED Contábil - Escrituração Contábil Digital					●	●		●	●	
ECF - Escrituração Contábil Fiscal					●	●				

ABILIDADES

NOME DA EMPRESA						
PROCESSOS					RETORNO	OBSERVAÇÕES DETALHES E PRAZOS
TRATAMENTO DOS DADOS	PROCESSAMENTO	ENTREGA DA OBRIGAÇÃO	CONSULTORIA NAS INFORMAÇÕES	CUSTóDIA TEMPORÁRIA	RETORNO PARA O CLIENTE	
●	●	●		●		Observações detalhes e prazos
●	●	●		●		Observações detalhes e prazos
●	●	●		●		Observações detalhes e prazos
			●			Observações detalhes e prazos
●	●	●				Observações detalhes e prazos
●	●	●				Observações detalhes e prazos
						Observações detalhes e prazos
●	●	●				Observações detalhes e prazos
●	●	●				Observações detalhes e prazos
●	●	●				Observações detalhes e prazos
●	●	●				Observações detalhes e prazos
●	●	●				Observações detalhes e prazos
●	●	●				Observações detalhes e prazos
●	●	●				Observações detalhes e prazos
●	●	●				Observações detalhes e prazos
●	●	●				Observações detalhes e prazos
●	●	●				Observações detalhes e prazos
●	●	●				Observações detalhes e prazos
●	●	●				Observações detalhes e prazos
●	●	●				Observações detalhes e prazos
●	●	●				Observações detalhes e prazos
●	●	●				Observações detalhes e prazos

Como já esclareci, a ideia não é matriciar todas as relações com o contador, pois isso dificultaria muito a fluidez dessa relação, que deve preservar sempre uma característica de proximidade consultiva, mas sim estabelecer regras claras sobre o escopo do trabalho contratado e, principalmente, qual o papel de cada um nessa relação comercial.

Para que essa matriz não se torne muito extensa e sem sentido, minha sugestão é que seja estabelecida uma matriz para cada área contratada. Entendo que esse tipo de matriz deve ser usado apenas para serviços recorrentes e não para projetos que têm já em seu escopo prazos pré-definidos.

Sendo assim, estabeleça uma matriz para:

A) as responsabilidades contábeis,
B) as responsabilidades fiscais,
C) as responsabilidades previdenciárias/trabalhistas,
D) as obrigações acessórias.

Essa matriz pode fazer parte integrante do seu contrato de prestação de serviço para que ganhe peso legal. Com isso, fica claro para ambos qual é o escopo de trabalho, evitando-se o desgaste pelo fato de a expectativa das partes não estar sendo atendida. Se você está contratando do seu escritório ou contador, além da execução das obrigações, uma consultoria, é importante que isso fique claro no contrato e que seja estabelecido um tempo em horas dessa consultoria, pois tanto o contador quanto o escritório são prestadores de serviço e, como tal, precisam ter suas horas remuneradas para que possam prestar um serviço de qualidade.

Estabelecendo essa matriz, a relação entre vocês fica mais clara e objetiva, evitando desgastes desnecessários.

Parte B

Cuidando da sua operação

QUESTÕES TÉCNICAS QUE VOCÊ PRECISA CONHECER PARA OPERACIONALIZAR E EXECUTAR BEM O SEU NEGÓCIO NO DIA A DIA.

Quero abordar alguns assuntos que vão além das prerrogativas contábeis, mas que de forma quase direta acabam refletindo no mesmo universo. Vamos falar um pouco sobre a gestão dos negócios e algumas dicas para contribuir com a sua empresa e com você como empreendedor ou empresário.

GOVERNANÇA

"O SEGREDO DE UM NEGÓCIO É SABER O QUE NINGUÉM MAIS SABE"

ARISTOTELES ONASSIS

Vamos falar um pouco sobre controles. Quando falamos de governança, estamos basicamente falando de gestão e controles das inúmeras variáveis que um negócio possa ter ou em que possa estar envolvido. O conceito de governança vai muito além de ter um software de controle do seu financeiro, caixa, produção etc.

Governança também não significa apenas ter a contabilidade, porque existem diversos outros indicadores na sua empresa que precisam ser monitorados.

Governança é um conceito mais amplo que envolve o controle e a política das relações que sua empresa estabelece com clientes, funcionários, fornecedores etc., os chamados stakeholders. Claro que ter um sistema de gestão é mandatório numa empresa, mas infelizmente ainda e comum encontrarmos empresários cuja única leitura do próprio negócio é o quanto entra de dinheiro e o quanto sai, e se está entrando mais do que está saindo fica subentendido que o negócio está indo bem.

Ledo engano! Um negócio vai muito além de contas a receber e contas a pagar, e se você tem essa visão míope sobre gestão, está mais do que na hora de você rever seus conceitos. Muitas empresas também fazem sua gestão em planilhas de Excel ou equivalentes. Nada contra as planilhas, até porque as uso muito. O problema não está nas planilhas, desde que você seja o criador delas e tenha nelas uma gama razoável de informações. Mas vamos fazer algumas reflexões em relação ao modelo de gestão sem um sistema integrado de informações:

A) Se você não tem um sistema e não ao faz análises dos seus dados, suas decisões são baseadas em suposições ou "achismos", correto?

B) Se você faz gestão por planilhas e não é o criador delas, sua empresa está refém de quem as fez, certo?

C) Se sua empresa ainda faz a gestão em planilhas, e você é o criador de todas elas, então sua empresa está refém de você, correto?

D) Se você, ainda assim, transferiu esse conhecimento para alguém, você precisa todos os dias ficar consolidando informações nas planilhas para poder ter os dados atualizados, certo? Planilhas devem ser uma ferramenta de suporte, utilizada para geração de relatórios mais específicos através de conexões com a base de dados do seu sistema.
Se você ainda não tem um sistema para controlar as informações da sua empresa, sugiro que, assim que você retornar a sua empresa, inicie o processo de busca e seleção de um sistema que consiga capturar na sua operação todos os dados importantes (financeiros, fiscais, estoque etc) para que você tenha informação sobre o seu negócio.
Como saber o que ninguém sabe se você não sabe nem o que deveria saber?
Colocar sistema na empresa não significa que tudo está resolvido, significa agora que você pode transformar os dados da sua empresa em informação para tomar decisões mais assertivas.

Você, como empresário, precisa coletar dados da sua empresa atra-

LEMBRE-SE:
DADOS GERAM INFORMAÇÕES

INFORMAÇÕES ANALISADAS GERAM CONHECIMENTO

vés de sistemas que façam as leituras ou que tenham as entradas das informações; esses dados precisam ser transformados em relatórios inteligentes, que possam dar clareza aos fatos que ocorrem diariamente no seu negócio, para que, através desses relatórios, você crie conhecimento sobre sua empresa e tome decisões assertivas.

Pense num painel de avião. Por que o piloto tem tantas informações à disposição dele? Porque quanto mais informação ele tem, mais controle ele exerce sobre o avião, e consequentemente toma decisões baseadas em fatos reais e não em suposições. Você deve estar pensando .... E como fica o fator feeling do empreendedor?

O bom empreendedor enxerga mais longe quando tem mais informações. Ele cria mais conhecimento e maturidade sobre o negócio e se torna mais experiente.

Outro fator fundamental é que, se você tem um bom sistema para gerir sua empresa, você consequentemente terá uma contabilidade de melhor qualidade. Aliás, hoje é muito comum o escritório de contabilidade ou o contador usar o sistema do cliente para fazer a contabilidade de forma integrada com toda a empresa.

INDICADORES DE PERFORMANCE

Se sua empresa já tem sistema, tem os relatórios, mas ainda não está transformando isso em conhecimento, comece a criar indicadores de performance.

Indicadores de performance são os relógios do painel de um avião. Quando você cria indicadores que fazem sentido para o seu negócio, você começa a fazer periodicamente a análise da sua empresa olhando para os indicadores.

Da mesma forma que você olha o ponteiro do combustível do seu carro para estabelecer quanto você ainda tem de autonomia, você vai olhar os ponteiros da sua empresa para saber se a performance dela está melhor ou pior.

Quando você começa a estabelecer indicadores, naturalmente vai aprimorando-os. Olhar as métricas da empresa começa a fazer de você um estrategista do seu negócio. Avaliar a performance de cada área da sua empresa, das pessoas, fazer cruzamento de informações, avaliar a taxa de retorno das decisões, endividamento, estoque, precificação, EBITDA e mais uma infinidade de indicadores, pode traduzir erros e acertos que estão ocorrendo na sua gestão. Se você não tem conhecimento para estabelecer esses indicadores, procure ajuda de um profissional que possa lhe orientar, implantar e te acompanhar na leitura deles. Indicadores devem ser lidos e discutidos pelo menos 1 vez por mês. Estabeleça uma reunião de gerentes, diretores ou sócios para discutir esses indicadores e tomar as próximas decisões.

Lembre-se de que, se você não tem tempo de fazer isso, o seu concorrente tem!

Dentro dos indicadores de performance entenda um que considero dos mais importantes em todos os negócios:

Ebitda – *Earnings Before Interests, Taxes, Depreciation and Amortization*

Com a criação dos blocos econômicos, globalização e negócios na velocidade da Internet, a comunicação entre os mercados se tornou muito rápida e fácil, gerando proximidade entre as empresas e ao mesmo tempo acirrando a concorrência.

Outro reflexo comum da globalização foi o aumento das fusões, aquisições, cisões, joint ventures etc., em diversos segmentos de negócios. Dentro de todo esse novo contexto mundial, como a contabilidade poderia dimensionar de forma adequada, através dos demonstrativos, o verdadeiro valor da empresa? Assim, algumas novas fórmulas foram criadas para encontrar o valor das empresas. Uma das melhores ferramentas atuais para isso é o Earnings Before Interests, Taxes, Depreciation and Amortization (EBITDA) – ou, em português, Lucro Antes dos Juros, Impostos, Depreciação e Amortização (LAJIDA). O Conselho de Valores Mobiliários – CVM editou o ofício-circular n.1/2004, em que mencionou expressamente o EBITDA e a sua relevância. O EBITDA traduz de forma clara e direta o resultado operacional da empresa ou sua capacidade de gerar caixa pela operação em si, sem estar contaminada por juros, impostos sobre resultado, depreciação e a amortização de ativos. Na prática, esse indicador diz qual a capacidade de geração de resultado que a empresa tem quando você olha apenas a operação sem as decisões político-administrativas da empresa.

CUIDE DO SEU FLUXO DE CAIXA

Economia em retração, consumo em queda, diminuição da renda média da população, aumento de desemprego, taxas de juros elevados, inadimplência, aumento da carga tributária, são alguns dos fatores externos a que estamos expostos e que nos obrigam a agir rapidamente para ajustar as empresas, buscando minimizar seus efeitos nos balanços e no caixa da empresa. Para que isto possa acontecer, cada vez mais, se faz necessário entender as demonstrações financeiras e os fatores que ajudam a maximizar a eficiência do capital de giro e a geração de caixa.

O megainvestidor e bilionário Warren Buffet disse uma frase que se tornou um "mandamento" no mundo empresarial: "CASH IS KING". Isto, na prática, significa que, antes de qualquer demonstração de resultado positivo, o que faz uma empresa sobreviver e ser forte é sua geração de caixa. Empresas fortes, que atravessam as dificuldades do mercado, têm total controle de seu fluxo de caixa, e através dele e das demais demonstrações financeiras e contábeis tomam decisões rápidas para corrigir sempre o percurso da companhia.

Portanto, cuidar do seu fluxo de caixa é uma questão de sobrevivência. Tome decisões baseadas em dados, avalie seu fluxo de caixa futuro, faça previsões baseado nos seus históricos e no seu conhecimento sobre o negócio e tente nunca sacrificar seu caixa.

SER EMPRESÁRIO É SER RESILIENTE

Qual é a competência que temos que buscar para sermos competitivos, lucrativos e para perpetuar nos negócios? Como na fábula do coelho e da tartaruga, a vida do empresário é uma corrida contra o tempo, e o segredo dessa corrida pode não estar apenas nas qualidades evidentes, mas na resiliência, ou seja, na capacidade de se adaptar sem perder a essência. Num mundo que vive em ebulição e onde as mudanças se tornam cada vez mais parte do nosso dia a dia, está no ar um novo conceito tomado emprestado da engenharia. Resiliência define-se como a capacidade de se adaptar constantemente diante de circunstâncias adversas, mantendo a essência da organização, mas com mudanças de processos e condutas. Um grande exemplo de resiliência é a Constituição dos Estados Unidos. Um especialista internacional em estratégia, chamado Gary Hamel, define que os desafios a serem superados para ser resiliente, ou seja, para que o empresário não gaste muito tempo, dinheiro e energia emocional com as mudanças constantes, é estar alerta, evitando que o fracasso numa estratégia seja uma surpresa; não temer a mudança, e sim persegui-la e ter mais de uma opção de estratégia para os negócios.

Como nos prova a própria história humana e seu desenvolvimento, a empresa, como contexto da sociedade, e existindo para atender as pessoas, deve mudar e se adaptar, porém sem perder sua essência, acompanhando assim a evolução de seus clientes e consumidores.

EMPREGO OU
TRABALHO

EMPREGO OU TRABALHO?

Não posso deixar de falar sobre um dos pilares de qualquer negócio, que são os colaboradores.

Sem um bom time não existe negócio sustentável. Hoje você oferece emprego ou trabalho na sua empresa? Já pensou em abrir a sociedade para que os melhores se tornem parte do seu negócio? Para manter bons profissionais atualmente, é preciso oferecer mais do que salário.

Crie desafios e metas para o seu time e reconheça os melhores. Descubra o propósito do seu negocio e engaje seu time a fazer alem do básico.

Não ofereça apenas um emprego, ofereça um trabalho desafiador e com reconhecimento! As empresas que têm esse drive, tem equipes que performam acima da média!

"SALVADOR DA PÁTRIA"

O SEBASTIANISMO IMPERA

No Brasil, além da famigerada Lei de Gerson, vivemos também a crise do sebastianismo. Esse comportamento nacional em relação às necessidades do país afeta diretamente o comportamento das pessoas nas empresas.

Para quem não sabe, Dom Sebastião foi um monarca português que assumiu o trono quando muito jovem e era a esperança de um grande reinado para Portugal, porém, ao assumir o trono, Dom Sebastião teve que enfrentar uma dura batalha e morreu logo após ser coroado. Depois desse fato, nasceu a lenda do sebastianismo, segundo a qual todos acreditavam que Dom Sebastião ainda estaria vivo e voltaria para socorrer os portugueses. Assim como lendas sobre Elvis estar vivo e outros, no que alguns acreditam, nós brasileiros vivemos esperando o salvador da Pátria.

Não existe salvador da Pátria, o que é preciso é que sejamos verdadeiramente uma NAÇÃO, e que todos façam a sua parte. O universo empresarial não é diferente. Porém, fazer a sua parte não significa fingir que não está vendo o que os outros fazem. Devemos na empresa e no dia a dia sermos agentes de mudança e agentes de influência (positiva, é claro). Cuide para que, na sua empresa, não haja colaboradores ou parceiros que ditem a clássica frase: "Eu não sei senhor, eu só trabalho aqui!!!"

Empresas de sucesso e profissionais de sucesso são e fazem parte de organismos empresariais, e num organismo nada está ali por acaso. Colaboradores ou pessoas que estão para simplesmente cumprir tabela no seu trabalho ou na sua empresa prejudicam o bom funcionamento desse organismo. Não se deixe influenciar pelo pessimismo ou pelo comodismo, trabalhe muito, estude muito, faça mais do que aquilo que esperam de você e a vida trará recompensas. Invista em você e não espere que o ostracismo lhe traga resultados. Se não está dando certo de um jeito, tente de outro, pois fazendo do mesmo jeito sempre vai ter o mesmo resultado. A vida não é fácil mesmo, por isso temos a capacidade de superação e temos que provar todos os dias o motivo pelo qual merecemos todos esses dons que ganhamos gratuitamente. Pare de reclamar do seu trabalho, pois muitos gostariam de estar no seu lugar. Pare de reclamar do seu salário ou de quanto você ganha, e mostre que você tem mais valor fazendo, agindo, dando resultados e influenciando pessoas a serem cada vez melhores. Pare de reclamar, faça!!!

Crie valor para você e para seu trabalho, empresa ou negócios.
Vá além, seja ousado, influencie aqueles que "estão" pessimistas, não os que "são" pessimistas, e seja a diferença. A recompensa dos que esperam é uma vida medíocre, enquanto que a recompensa dos que fazem é a imortalidade dos seus atos.

E, para finalizar, repito a frase de São Agostinho:" se o homem soubesse o quanto é bom ser bom, seria bom por egoísmo!".

ESPAÇO PARA ANOTAÇÕES

DE
CLA
RA
ÇAO.

APÓS A RESSACA, O IRPF!

Todos os anos o carnaval passa e voltamos à realidade econômica do país. O primeiro impacto pós carnaval é a fase preparatória para a famigerada Declaração de Imposto de Renda da Pessoa Física – DIRPF.

Sendo este um livro para empreendedores, não poderia deixar de abordar a Declaração Anual de Imposto de Renda da Pessoa Física. Afinal, como empresário você está obrigado de qualquer maneira a entregar sua declaração. Como orientação básica, sugiro que, se você tem uma empresa e um bom contador, entregue sua declaração para que ele prepare.

Todos os anos surgem novidades nas declarações, e como tal sua declaração precisa estar em sintonia com sua empresa. Além disso, é importante que o contador conheça suas movimentações pessoais para saber se sua contabilidade está suportando aquilo que você está declarando e também se você está declarando tudo o que deveria.

Economizar nesse serviço não é uma economia inteligente. Torne seu contador um parceiro estratégico na sua vida empresarial e pessoal e descubra o valor nessa relação. Sendo assim, para evitar a ressaca de impostos e manter o Leão calminho, é bom ficar atento aos detalhes e ao prazo.

PUXANDO A SARDINHA

Depois de ler todo esse conteúdo, num grau de 0 a 10, qual a importância que você daria ao contador numa organização ou empresa agora?

Se você ficou abaixo de 8, por favor, leia novamente o conteúdo anterior e reveja seus conceitos. Claro que sou suspeitíssimo para determinar essa escala, afinal sou contador, e sim, estou valorizando essa minha categoria que há muito tempo sofre com a insanidade legislativa e a "burrocracia" que assola esse país.

Mas essa minha escala de importância tem fundamentos contundentes para que o empresário comece a entender o verdadeiro papel de um contabilista dentro do universo empresarial.
Vários aspectos legais vêm se modificando ao longo dos últimos anos e, com essas mudanças, o comportamento das instituições vem também se tornando cada dia mais exigente e mais eficiente. Neste novo panorama, não só mundial, que exige uma postura mais transparente e mais correta das empresas, mas também dentro do quadro nacional, amparado por várias leis que responsabilizam os envolvidos, o contador assumiu um papel de destaque e de suma importância dentro do painel empresarial.

Nos fóruns de debate de que participo em São Paulo, junto a instituições como Fiesp, Sescon etc., está se tornando cada vez mais comum, em processos em que se discutem procedimentos tributários de autuação, que o contador seja chamado no inquérito policial que investiga o crime por sonegação fiscal, para ser ouvido sobre o comportamento e as atitudes do empresário, para confirmar ou não condutas na gestão dos negócios. O contador da empresa, atualmente, e mais do que nunca, passou a ser co-responsável pela gestão dos negócios, porque agora ele deve responder por aquilo que ele registra, ou seja, ele deve se basear na ética e nas leis para registrar os fatos que ocorrem dentro da organização e deve se negar a registrar aquilo que seja contrário ao seu código ético e à legislação vigente.

O contador, por natureza ou necessidade, é um profissional que, quando preparado, é um generalista, e por ser um generalista, muitas vezes é responsável por procedimentos ou condutas que nem fazem parte do seu rol de obrigações. Porém, isso o torna um dos profissionais mais completos e preparados para orientar a tomada de decisões dentro do organismo empresarial.

Legislação trabalhista, previdenciária, tributária, finanças, contabilidade, auditoria, marketing, estratégia, enfim, um generalista.

Agora puxando a sardinha para minha categoria, e como já dizia Henry Ford: se quer ter uma empresa de sucesso, tenha um ótimo contador ao seu lado. Então, pelo sucesso empresarial da Ford, se, para você, o papel do contador está abaixo de 8, reveja seus conceitos.

ESPAÇO PARA ANOTAÇÕES

Parte C

VOCÊ PRECISA SE ORGANIZAR

QUESTÕES PRÁTICAS QUE PRECISAMOS CONVERSAR E VOCÊ PRECISA CONHECER PARA MELHORAR SEU NEGÓCIO.

PRECISAMOS
INOVAR!

MIOPIA EMPRESARIAL

Qual é a estratégia da sua empresa ou negócio?

Até quando devemos resistir às mudanças?

Como diferenciar os modismos administrativos das necessidades imperativas do mercado?

Como aliar segurança e empreendedorismo sem nos tornarmos aventureiros?

As empresas são como organismos vivos, vivendo num ecossistema chamado mercado, e como tal devem se adaptar e acompanhar o meio, sempre que este se modifica ou evolui. Muitas vezes, para as empresas sobreviverem num ambiente inóspito, devem até evoluir antes do próprio mercado. Fazendo um paralelo com a natureza, o mundo empresarial é a tentativa do homem, através de sua evolução filosófica, de criar uma natureza dirigida e controlada onde suas aspirações de crescimento e conhecimento se tornem fontes de poder e de diferenciação entre seus pares, criando-se assim identificações especificas numa natureza de semelhantes. Analisando o mercado como um sistema ou um ecossistema, para que ele seja autoevolutivo, e não se limite a começo, meio e fim, uma vez que será baseado nas aspirações de pessoas, seus interesses e suas empresas, ele deve admitir a pluralidade de regras e de microssistemas que o tornem sustentáveis.

Como tal, sua complexidade assemelha-se à natureza como a conhecemos, com toda a sua teia de organismos e reações. Assim como não conseguimos controlar a natureza, criamos, à sua semelhança, um ecossistema chamado mercado, que se tornou independente. Como no meio ambiente, o mercado reage, mas não pode ser controlado. Sendo assim, se vivemos num mundo tão complexo e cheio de microambientes, ou traduzindo para a linguagem empresarial, um mundo cheio de microeconomias, onde mercados estrangeiros afetam constantemente nosso negócio, onde bolsas, especulações, decisões de câmbio, e tantas outras movimentações fogem do controle e muitas vezes até do conhecimento ou do entendimento de nossos líderes e empresários, como reagir, saber a hora de mudar, como ter segurança nos negócios? Como diz o ditado: problemas complexos pedem soluções simples. A natureza nos ensina que, apesar de sua complexidade e biodiversidade, existem quatro grandes elementos que devem ser harmonizados e respeitados para que ela continue existindo: água, ar, terra e fogo. Nos negócios, para que eles também se mantenham, temos seus semelhantes: pessoas, processos, clientes e lucro.

Baseando-se nesses conceitos básicos e necessários, todo organismo empresarial se sustenta e deles parte toda a sua biodiversidade. Desta forma, não podemos fazer com que a miopia nos tire do foco principal do nosso negócio, desrespeitando nossos principais elementos. Pessoas sustentam processos. Processos sustentam clientes e clientes geram lucro, isso mantém uma empresa viva. Tudo aquilo que foge a esses preceitos básicos faz com que seu negócio agrida seu próprio meio ambiente, e a natureza nos ensina todos os dias o que acontece quando agredimos nosso meio de subsistência. O planejamento de uma empresa começa pelas pessoas. São elas que irão fazer seu negócio acontecer. As pessoas são a base de qualquer negócio, e são elas que fazem com que bons processos aconteçam.

PESSOAS – Se você planeja sua equipe, treinando, investindo, envolvendo, criando propósito, você faz com que sua equipe cuide bem dos processos.

PROCESSOS – Processos sao criados e sustentados por pessoas. Se o time é bom e está engajado e treinado, vai melhorar seus processos. Processos envolvem desde a análise dos custos, das compras, dos fornecedores, da entrega, da produção, enfim, processos são o core da sua empresa, aquilo que você precisa fazer de melhor.

CLIENTES – Os clientes, quando são bem atendidos pelas pessoas e os processos funcionam, ficam satisfeitos. Clientes satisfeitos sempre estão dispostos a pagar um pouco mais por um serviço melhor. Se você cuida bem dos dois pilares anteriores, seus clientes tendem a ser fieis.

LUCRO – Lucro é o resultado de uma operação bem-sucedida. Como resultado, ele precisa estar sustentado nos pilares anteriores, ou seja, ser uma consequência.

Mantenha o foco no seu negócio, ou como dizem os executivos, concentre-se no seu "core business". Para isso, utilize-se das ferramentas que o mercado proporciona. Terceirize aquilo que não faz parte do seu negócio, pois assim você passa a ter menores preocupações com atividades correlatas ao seu negócio principal, e dedica maior tempo e concentração às estratégias do seu negócio, em vez de dividi-lo com decisões secundárias. Sempre que me deparei com grandes desafios, ou situações complexas, busquei a solução através da simplicidade.

PROPŌSITO

PLANEJAR COM PROPÓSITO

Claro que planejar não se resume a cuidar de pessoas e processos apenas. De nada adianta uma ótima equipe, processos perfeitos, se o seu cliente não tem interesse pelo que você faz ou vende. Nesse ponto, o planejamento exige que você vá além de números, gráficos e planilhas.

Você precisa ter um propósito.

Se o seu negócio não tem um propósito claro e que vá além de apenas entregar um produto ou serviço, a chance de você perder a fidelidade do seu cliente é absoluta.

Criar propósito não tem a ver com ficar filosofando sobre o seu negócio, tem a ver com você entregar aquilo que, além de curar as dores dos seus clientes, entregue algo a mais, algo novo, algo inesperado, algo que não é mandatório mas que faz toda a diferença para o seu público. Está ligado a você conhecer com profundidade o seu público e como ele usa ou necessita daquilo que você entrega. Tem a ver com se colocar no lugar dele, entendendo quais são suas expectativas ou muitas vezes criar uma entrega que nem mesmo seu público sabia que precisava.

CHAMO ISSO DE TRANSCENDER O CONTRATO!

FERRAMENTAS DE PLANEJAMENTO

Para criar um planejamento estratégico para o seu negócio, existem diversas ferramentas e metodologias no mercado.
Eu, particularmente, gosto de combinar 3 delas:

1º – ANÁLISE SWOT

Inicio sempre usando um método simples, mas que exercita a conceituação e define as premissas básicas de um planejamento estratégico. Através da Análise SWOT, que é simples de fazer mas que demanda uma visão mais holística do negócio, inicia-se o mapeamento das principais características da empresa de uma forma geral e abrangente, assim como a forma como ela está contextualizada no cenário atual de negócios. SWOT significa Strength, Weakness, Opportunities e Threats ou, em português, Forças, Fraquezas, Oportunidades e Ameaças. Você divide essas quatro visões em blocos num mapa e discute com seu time quais são suas forças e suas fraquezas e quais são as oportunidades e ameaças ao seu negócio. Os quatro quadrantes da Analise SWOT analisam de forma bem geral as premissas que devem ser tratadas dentro da empresa e quais as oportunidades e riscos do mercado.
Quando falamos de Forças e Fraquezas no quadrante, estamos nos referindo sempre a fatores internos da empresa, ou seja, aquilo sobre o que você tem controle. Suas forças são seus diferenciais, e suas fraquezas seus pontos de melhoria interna que precisam ser resolvidos e tratados. Como suas forças e fraquezas são questões que estão sob seu controle, essas duas áreas são possíveis de reforço e melhoria.
Quando falamos de Oportunidade e Ameaças, estamos exclusivamen-

te falando do ambiente externo, aquele sobre o qual você não tem controle, pois ele é regido pelo mercado. Tais como os conceitos externos, ou seja, você não tem controle sobre eles. Nesses quadrantes você deve elencar aquilo que você enxerga no mercado como oportunidades que você ainda não explora e possíveis ameaças que podem afetar seu negócio. Sendo assim, de um lado do quadrante você tem pontos internos com Forças e Fraquezas, e do outro lado os pontos externos com Oportunidade e Ameaças. E para que serve essa análise? Uso essa análise para iniciar um planejamento estratégico, pois através desse mapeamento tenho as premissas que preciso trabalhar dentro da empresa e as premissas às quais devo estar atento fora dela.

Com isso mapeado, temos um primeiro diagnóstico do que é preciso manter e fortalecer, que são suas FORÇAS, e o que precisa ser corrigido e tratado, que são suas FRAQUEZAS. Do outro lado, entendemos quais são as OPORTUNIDADES ainda não exploradas e ficamos mais atentos às AMEAÇAS que podem atingir o negócio.

O mais importante do SWOT é você conseguir pensar nas suas forças para atingir oportunidades e trabalhar suas fraquezas e tentar reduzir suas ameaças. Lembrando que oportunidades e ameaças não são controladas por você, e por essa razão você tem que estar sempre atento a elas, da mesma forma que você procura manter suas forças e reduzir suas fraquezas!

Aqui segue um modelo de Análise SWOT:

Vale lembrar que esse mapa precisa estar sempre sendo atualizado, pois como o mercado inova e se renova a todo instante, o SWOT muda o tempo todo. Outro fator importante de se ressaltar é que o planejamento estratégico não é ESTATICO. O plano estratégico é um norteador para os objetivos da empresa, é uma forma de buscar o alvo, e como o mercado e as condições mudam constantemente, ele também precisa ser corrigido periodicamente. Terminada a Análise SWOT, parto para a montagem do CANVAS.

2º. BUSINESS MODEL CANVAS

Ou mapa do CANVAS, como gosto de chamar, é uma ferramenta onde eu parto das premissas já discutidas no SWOT e começo a pensar no negócio de forma exclusivamente estratégica. O primeiro conceito fundamental que precisa ser estabelecido no CANVAS é a proposta de valor do seu negócio.

A montagem do CANVAS exige uma discussão mais filosófica sobre a razão de ser do seu negócio. Toda empresa que quer desenvolver um planejamento estratégico precisa antes de mais nada estar disposta a repensar e rever conceitos sobre sua própria existência.

Quando você parte da premissa de que você precisa definir qual a sua proposta de valor naquilo que você faz, a modelagem de negócio toma outro formato e outro sentido. Pensar em estratégia de negócio não significa pensar em como ganhar mais dinheiro, ou como faturar mais e gastar menos. Isso passa a ser consequência da sua proposta de valor.

Proposta de Valor é quando você define um conceito de entrega de produto ou serviço que vai além da simples relação comercial, porque ela transcende a simples relação de receber uma quantia de dinheiro pela entrega de alguma coisa.

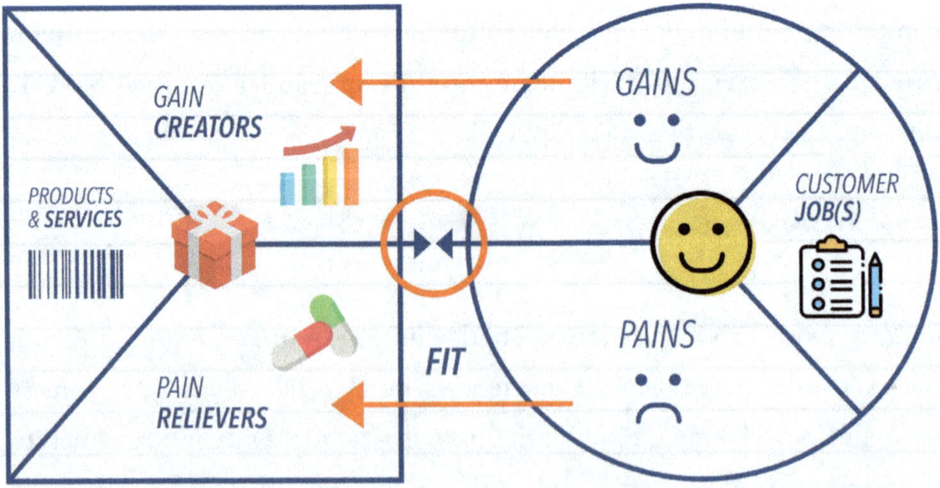

Quando uma empresa começa a pensar no valor que ela pretende atingir ao entregar um produto ou serviço, ela precisa estar disposta a entender de forma objetiva quais são as reais necessidades dos seus clientes, para que essa entrega deixe de ser apenas mais uma transação comercial e se torne quase uma relação afetiva com seu consumidor. Entenda que, quando falo de valor, não estou falando de preço, mas sim de quanto aquilo é valorizado por quem recebe. Depois que sua empresa inicia um planejamento baseado em propósito, tudo começa a mudar dentro da companhia. Trabalhar com proposta de valor engaja as pessoas a fazerem melhor, pois elas sabem o valor daquilo que está sendo entregue.

No meu ponto de vista, iniciar esse processo dentro da empresa é a melhor maneira de você se destacar dos demais e fazer um trabalho diferente e melhor.

Voltando ao CANVAS, seria preciso um livro inteiro para explicar conceitualmente cada quadrante dessa ferramenta, então sugiro que você leia e assista aos vídeos que estão disponíveis para que você possa fazer um planejamento conceitual que melhore seu negócio e mude-o de forma arrojada e consistente.

De forma geral, o CANVAS é a ferramenta por meio da qual, através da definição da sua proposta de valor, você vai, de forma estratégica, estabelecer toda a estrutura da sua empresa. O CANVAS fornece a você a visão para que suas tomadas de decisão sejam mais assertivas e mais claras em busca dos seus objetivos empresariais.

Sempre que tomamos decisões com base num mapa estratégico, elas ficam mais claras para toda a organização e são mais fáceis de serem absorvidas pelas equipes. Além disso, essa ferramenta ajuda na tomada de decisões operacionais e estratégicas porque fica mais fácil olhar para o mapa e saber se a decisão que precisa ser tomada tem aderência às estratégias que foram definidas e mapeadas, diminuindo drasticamente o “achismo” das decisões. Decidir se a empresa deve abrir uma filial ou comprar um software precisa fazer sentido na estratégia que foi traçada, do contrário, já se sabe a resposta! SIMPLES ASSIM! Quanto mais pessoas da empresa, principalmente nos cargos de liderança, estiverem envolvidas, melhor se torna o debate e a construção do planejamento, pois qem participa se sente parte da estratégia.

Segue abaixo o CANVAS traduzido para o português:

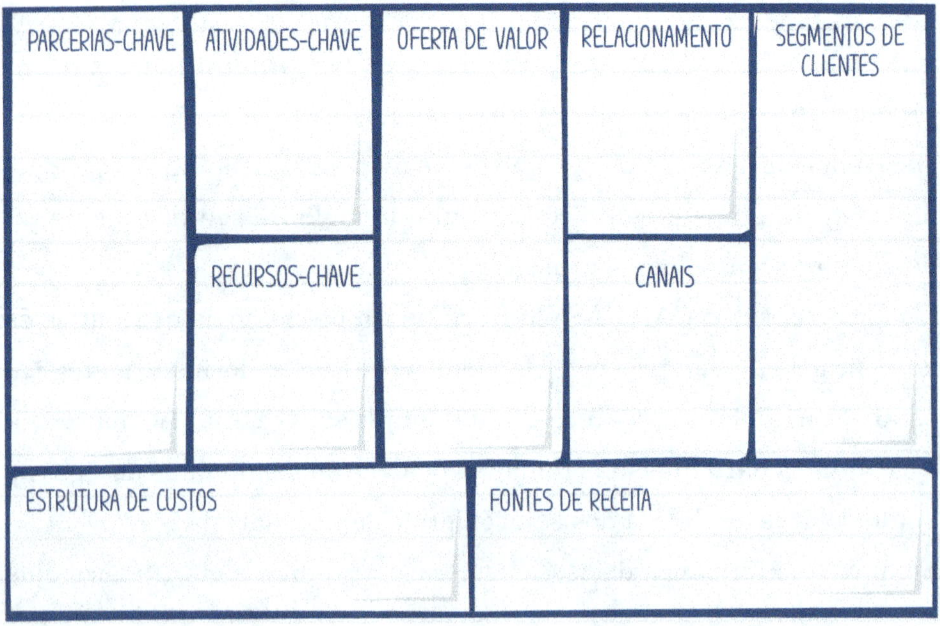

Perceba que você tem, dentro desse mapa, todas as estruturas necessárias para que uma empresa pense de forma estratégica. O princípio desse mapa é que cada quadrante reforce o outro criando sinergia entre suas estruturas. Muitas empresas acabam usando o CANVAS apenas como um checklist, mas esse não é o objetivo dessa ferramenta. O objetivo é, além de pensar a empresa, usar cada quadrante como uma ação para reforçar outros.
Por exemplo: no quadrante parcerias, eu penso em parceiros que podem ajudar a empresa a melhorar os canais, ou os meus recursos chave, ou fortalecer meu relacionamento com os meus clientes, e assim sucessivamente. Esse é o objetivo dessa ferramenta, e não apenas listar os itens que tenho na empresa.

Entenda que mapeando todos esses 9 quadrantes você passa a ter uma visão completa do seu negócio e aí inicia-se o processo estratégico de tomadas de decisões e ações no sentido de fortalecer cada uma das áreas com a intenção de tornar seu modelo de negócio cada vez mais forte e robusto.

Antes de você sair preenchendo os quadrantes, é muito importante você entender o conceito de cada um deles, pois é através desse entendimento que você irá tratar cada um deles da maneira mais assertiva para a realidade do seu negócio. Com a conceituação correta, você vai saber como usar a ferramenta de forma adequada para extrair o máximo de resultado.

Minha sugestão é que você visite o site oficial em *www.strategyzer.com* ou busque conteúdos em sites nacionais e vídeos no YouTube.

Você vai encontrar também alguns vídeos que eu fiz sobre a ferramenta no meu canal no YouTube: meu_contador
https://www.youtube.com/meucontador

Depois de fazer a Análise SWOT e Mapear suas áreas estratégicas através do CANVAS, chegou a hora de criar um mapa para agir.

Deste ponto em diante você já tem mapeadas suas FORÇAS, FRAQUEZAS, OPORTUNIDADES e AMEAÇAS e também já tem seu modelo de negócio mapeado pelo CANVAS, onde está definida sua proposta de valor e os demais 8 quadrantes que traduzem sua empresa de forma completa.

Chegou o momento de entender como as ações devem ser tomadas para que você não saia tomando decisões para tentar corrigir ou melhorar tudo de uma vez e "dar com os burros n'água"

Para alinhar a forma como as suas ações devem ser trilhadas, eu uso o MAPA ESTRATÉGICO para consolidar todo o conhecimento adquirido com as duas análises anteriores, e poder agir de forma sustentável e estruturada.

3º MAPA ESTRATÉGICO

O MAPA ESTRATÉGICO trata-se de uma estrutura que, para mim, descreve de forma muito inteligente a espinha dorsal de qualquer empresa.

Esse mapa tem algumas variações de modelos que são utilizados para cada negócio, mas eu gosto do desenho mais simples que abrange as dimensões de PESSOAS >> PROCESSOS >> CLIENTES >> RESULTADOS.

Você irá encontrar dimensões com nomenclaturas um pouco divergentes e outras dimensões adicionais, isso pode variar de acordo com cada negócio, mas de forma geral essas 4 atendem a grande maioria dos negócios.

Quando falamos de ações que devemos tomar em função das análises anteriores, precisamos tomar ações de forma coordenada e entender claramente em qual das dimensões estamos atuando e o que esperamos de resultados em relação a elas.
Sendo assim, a lista de ações que devem ser tomadas na sua empresa deve ser direcionada para cada dimensão, buscando os objetivos traçados através da sua definição de PROPOSTA DE VALOR.

O que a minha experiência profissional diz é que muitas empresas tomam decisões sem ter a devida clareza sobre quais serão os objetivos a serem atingidos, sem deixar claros aos times envolvidos os motivos pelos quais estão sendo realizadas ações, e principalmente sem ter certeza de que essas decisões estão alinhadas com a própria estratégia da empresa.

O conceito do Mapa Estratégico é simples: PESSOAS sustentam PROCESSOS que sustentam CLIENTES que sustentam RESULTADOS
Pensando dessa forma você muda o drive direcional da sua empresa

porque fica claro que a principal área de investimento deve ser as PESSOAS e investimentos direcionados para que sua PROPOSTA DE VALOR seja percebida pelos seus CLIENTES através de bons PROCESSOS que geram RESULTADO.

Quando falamos de PROCESSOS não estamos falando apenas de fluxograma, mas sim de toda a interação que precisa existir entre os demais 8 blocos do CANVAS para que sua PROPOSTA DE VALOR seja entregue ao seu cliente. E quem pode fazer com que todos esses PROCESSOS sejam eficientes e percebidos são as PESSOAS da sua organização!

Vamos entender como é o desenho desse mapa e como você deve definir suas ações:

MISSÃO: PRESTAR SERVIÇOS COM EFICIÊNCIA

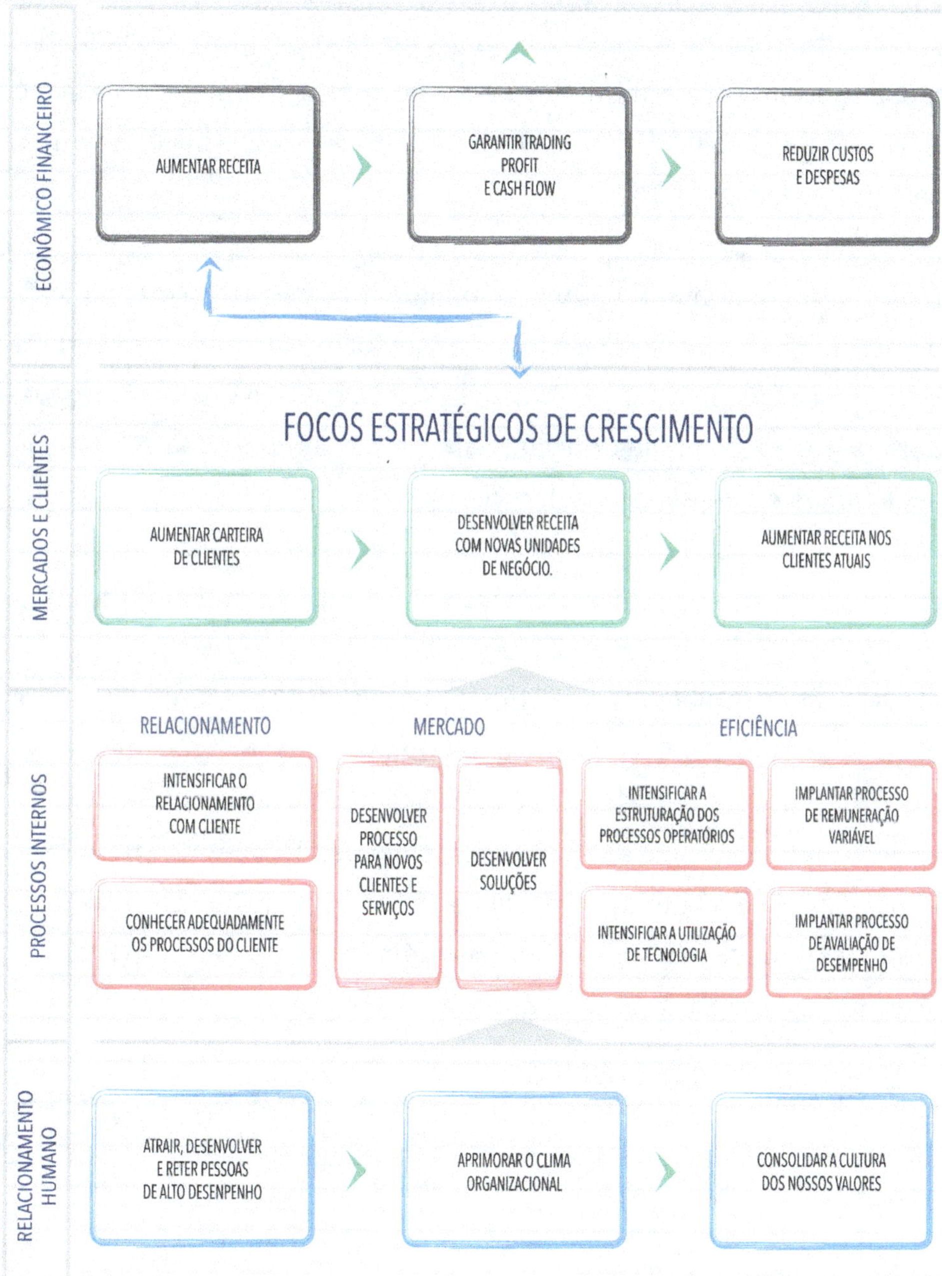

Perceba que esse mapa foi montado com blocos de definições claras do que precisa ser feito em cada uma das dimensões.

Todos esses blocos foram construídos através das premissas levantadas pela análise SWOT do negócio e com a definição e reflexão sobre a PROPOSTA DE VALOR e os demais inter-relacionamentos dos blocos do CANVAS.

Dessa forma, temos aqui um planejamento estratégico completamente mapeado e que agora, através de todo esse entendimento sobre seu negócio, e com a comunicação clara sobre o que você propõe, quais as oportunidades do mercado, quais as ameaças, quais são suas forças e fraquezas e como você pode interagir entre os demais blocos, definir metas numéricas e operacionais, estará embasado conceitualmente pela discussão colegiada feita na sua empresa.

Mãos a obra, comece agora a olhar seus números e metas e defina através do seu mapa estratégico por onde começar e como fazer!

Olhar o balancete da sua empresa todos os meses em reuniões de sócios, junto com seu mapa estratégico, e ajustá-lo de acordo com as mudanças inevitáveis de cenários (macro ou micro), é o papel dos gestores da empresa.

Dessa forma, as reuniões se tornam mais eficientes, inteligentes, objetivas e focadas nos resultados que foram traçados para a sua companhia.

Veja no desenho a seguir como eu resumo uma empresa de sucesso:

DO QUE É FEITA UMA

Pessoas, proces

PESSOAS → PROCESSO

EQUIPE DE CONFIANÇA

Confiança é a base de tudo

NA EXECUÇÃO

NO COMPORTAMENTO

NO COMPROMETIMENTO
Aprendizado constante

NO RELACIONAMENTO
Entender que num relacionamento sadio as pessoas tem divergências de opiniões e de posturas mas devem estar alinhadas aos objetivos da empresa

NO RECONHECIMENTO
Reconhecimento vem pela soma das performances do comportamento, comprometimento e execução. Reconhecimento é um processo de execução constante e não uma situação permanente.

BEM EXECUTADOS

Ser bom em fazer um café ou um grande negócio.

BOM NO QUE FAZ
*Ser bom no que está fazend não importa o que seja. *Amor e paixão no Fazer.*

SER BOM NA ENTREGA
Prazo + Qualidade

SER "PHODA" NA EXECUÇ
A execução tem um arco-iris de opções. Tenha certeza de estar alinhado com as co da empresa.

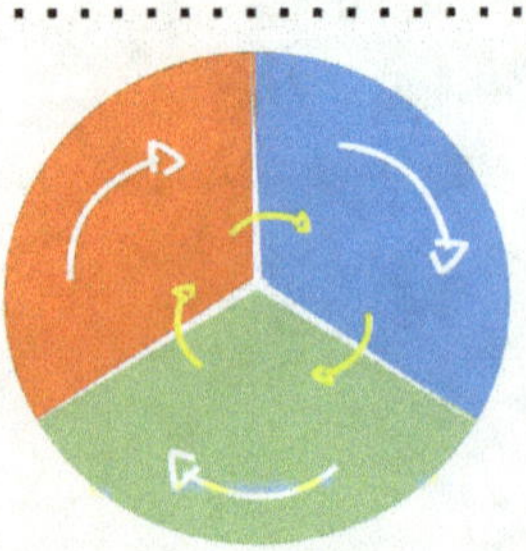

PES
PRO
CLIE
E NE
Nada é

MPRESA DE SUCESSO

ientes e negócios!

CLIENTES E NEGÓCIOS

SUCESSO

- SEGURANÇA
- SATISFAÇÃO
- RECONHECIMENTO
  Profissional e Financeiro

S
SOS
OS
ente!

LUCRO

A ARTE DE GERIR NEGÓCIOS E CONTABILIZAR LUCROS

A principal razão de ser de uma empresa é gerar lucro. Só o resultado positivo mantém vivo até o mais tradicional dos negócios. Até aí, nenhuma novidade. A novidade é, nos dias de hoje, a velocidade com que a forma de gerir os negócios se altera em função do próprio desenvolvimento do mercado.

A tecnologia muda comportamentos, consequentemente a forma de consumo de produtos e serviços muda, refletindo diretamente na gestão dos negócios. Se avaliarmos empresas e negócios ao longo das décadas, perceberemos que algumas coisas são imutáveis.

Empresas bem-sucedidas sempre foram administradas por pessoas competentes e com visão além do seu tempo, ou seja, o pé no hoje e a cabeça no amanhã. As empresas de sucesso sempre perguntam "o que precisa ser feito", em vez de pensar no que querem fazer. E os empresários de sucesso sempre identificam quais as competências que lhes faltam, para delegar a profissionais especializados.

Manter o foco no negócio principal é uma das chaves desse sucesso, porém profissionalizar o contexto é primordial. Aos 94 anos de idade, a maior sumidade em negócios no mundo, Peter Drucker, declarou: "As empresas do futuro precisarão ser cada vez mais especializadas e globais (a era da diversificação acabou), mesmo que operem em um bairro". Para que o negócio não seja atropelado pelo mercado, cada vez mais competitivo e eficiente, o administrador deve se concentrar cada vez mais na sua atividade para não perder oportunidades; deve investir em profissionais e profissionalismo para manter a competência e a competitividade, e deve estar sempre pronto e sensível a tendências, para saber distinguir "cortinas de fumaça" de "nuvens de mudança", que podem afetar seu negócio.

O CUSTO DA DESORGANIZAÇÃO

A desorganização tem várias facetas. Dentro de uma empresa, desde a comunicação até a arrumação física e lógica de móveis, objetos, linha de produção, fluxo de papéis e do próprio sistema de funcionamento, são aspectos fundamentais para o resultado da empresa.

Outro fator de suma importância, e que muitas vezes não é visto como desorganização, é a questão da avaliação do conhecimento do corpo ou do organismo da empresa. Quanto custa o não saber ou o desconhecer? Organização não se trata apenas de manter as coisas em seus devidos lugares, mas também de saber para que elas servem, e isso depende muito do empenho dos profissionais envolvidos em todo o processo.

A empresa deve provocar a troca de informações dentro dela através de treinamentos, brain storms, reuniões e o que for preciso para que o conhecimento e a inteligência fluam pelos seus corredores e espaços. Empresa que não se oxigena morre!

Provoque o debate construtivo e não o debate de acusação ou disputa. Incentive o ambiente que busca a solução em vez dos culpados. Buscar culpados é aumentar o investimento na ineficiência e na desunião. Trabalhe o fortalecimento de suas equipes e faça com que elas se apoiem umas nas outras através de ações positivas.

O ambiente colaborativo é mais sustentável, eficiente e lucrativo. Se um erra, todos erraram! Fortaleça o espirito de equipe.

MELHORE PROCESSOS EM VEZ DE PROCURAR CULPADOS

As empresas devem buscar cada vez mais a participação de todos no contexto e no objetivo do negócio. Deixar clara qual é a meta, como a empresa pretende chegar lá, definindo claramente o papel de cada um na organização, é uma questão primordial para se reduzir custos e atingir objetivos.

Mais importante que vender seu produto ou serviço aos consumidores, é vendê-lo aos seus pares. Não esconda resultados, proteja sua estratégia, criando uma equipe comprometida com os objetivos e metas da empresa.

E lembre-se de que uma empresa precisa ter personalidade própria e isso significa que ela não pode ser do seu jeito em tudo!

ESPAÇO PARA ANOTAÇÕES

QUEM TINHA RAZÃO?

Segundo o dicionário, razão significa o modo de pensar próprio ao Homem, ou faculdade de raciocinar ou de estabelecer conceitos e proposições de modo discursivo (não intuitivo), segundo as regras lógicas do raciocínio.

Mas, afinal, quem tem razão. Quem é o dono de tão procurado conceito? Muito se discute sobre a razão em conceitos empresariais e administrativos e sobre qual é a metodologia correta para se aplicar aos negócios.

Já presenciei discussões homéricas sobre quem era o dono da razão, e ao final da discussão o vencedor, quando existe um, não sabe o que fazer com o troféu, ou seja, ter razão sobre o que aconteceu significa dizer que sabia o resultado da loteria depois que o prêmio já passou.

As pessoas nas empresas são contratadas para dar e analisar resultados, e para isso devem utilizar seus conhecimentos e aplicá-los como procedimentos e estratégias; então, se alguma estratégia deu errado, ou alguma idéia não teve o resultado esperado, é inócua a discussão sobre quem tinha a razão. O que se deve é avaliar o histórico dos fatos para tomar decisões mais acertadas.

Dentro da empresa, os resultados devem ser discutidos e as experiências devem ser partilhadas. Ignorar o conhecimento da equipe é o maior desperdício que ocorre dentro das empresas. Muitos são os desperdícios de material, tempo, energia, mas o maior de todos é o do conhecimento do grupo.

O verdadeiro conhecimento floresce da união do teórico com o prático, e o tempero desse conhecimento vem da vivência dentro da cultura da empresa.

Empresas são formadas por pessoas, e os valores dessas pessoas influenciam o comportamento da empresa. Por mais manuais de procedimentos que existam, a empresa respira o comportamento de seus indivíduos, sendo assim, não se deve nas empresas discutir a razão dos fatos, mas envolver os colaboradores, criando a cultura de aprendizagem através dos erros e através da discussão dos resultados, em vez de despender energia com troféus para o ego.

Não lute pelo troféu de um jogo que já acabou, mas use o resultado para jogar melhor na próxima partida.

EMPRESA

VOCÊ ESTÁ FELIZ? E SUA EMPRESA, TEM LUCRO?

Seu estado de espírito influencia o resultado da sua empresa, assim como o estado de espírito de seus colaboradores. Você lembra quantas vezes comemorou o aniversário da sua empresa? Interessante que participamos de tantas comemorações, presenteamos tantas pessoas, porém muitas vezes, ou quase sempre, esquecemos de presentear nossas próprias empresas.

De forma lúdica, estou tentando mostrar que, assim como nós, pessoas, a empresa também precisa ser lembrada e renovada para que o estado de espírito dela esteja sempre em alta. Cuidar dos detalhes de sua empresa é tão importante quanto cortar o cabelo para renovar a imagem.

Num paralelo existencial entre as pessoas e as empresas, assim como buscamos a felicidade, nossas empresas devem buscar o lucro. E, do mesmo jeito que nos motivamos através de pequenas conquistas diárias, nossa empresa também necessita delas.

Mudar sem perder o foco é sempre importante. Renovar o ambiente, a metodologia, melhorar os processos, envolver as pessoas, é fundamental.

Falar em felicidade, assim como falar em lucro, é como querer entender as forças da natureza, ou seja, são questões complexas e muito particulares.

É notório que a fórmula de lucro de uma empresa é tão particular quanto o sentido de felicidade de cada pessoa distintamente. Porém, algumas coisas são genéricas e necessárias em ambos os casos.

Não podemos falar em felicidade sem falarmos em saúde, em bem-estar etc., assim como não podemos falar em lucro sem nos atentar a alguns detalhes importantes.

Sendo assim, alguns tópicos que julgo importantes na busca pelo lucro são:

01 - Mantenha sempre uma boa aparência do seu negócio – consumidores de qualquer classe não gostam de lugares mal cuidados, escuros, desarrumados ou desorganizados.

02 - Apure sempre o custo dos produtos ou serviços.

03 - Negocie sempre com fornecedores preço e prazo de entrega.

04 - Fique atento às despesas fixas.

05 - Atendimento ao cliente é prioridade.

06 - Não faça aquilo que não sabe, pois o resultado é imprevisível; contrate consultores ou profissionais especializados para complementar as competências que você não tem.

07 - Mantenha uma retirada fixa e tenha um plano traçado para usar os lucros da empresa, e não misture as suas despesas com o caixa.

08 - Invista em divulgação e num plano de ação de propaganda e marketing, pedindo ajuda a quem entende. Não se iluda que ao fazer anúncio, você tem um plano de marketing.

09 - Defina metas, mesmo que simples, para você trilhar uma trajetória. Se você não tem metas, qualquer resultado é ótimo, até o prejuízo.

10 - Compare seus resultados para poder se nortear. Seja ambicioso, olhe sempre para os gigantes da sua área.

11 - Mantenha sua empresa atualizada com a tecnologia, para que isso não seja seu maior concorrente.

12 - Seja persistente, mas não teimoso. Se sua estratégia não deu certo, mude. Toda estratégia deve contar com o fracasso.

13 - A técnica de benchmarketing é uma boa ferramenta para os negócios, ou seja, olhar o que empresas de outros ramos fazem e adaptar ao seu negócio para obter resultados semelhantes, mas, lembre-se, cada caso é um caso, e o seu negócio nunca vai ser igual ao do outro, por isso busque seus diferenciais e potencialize-os.

14 - Controle e organize muito bem seus estoques.

15 - Organize, dinamize e analise seus controles financeiros para que você possa tomar decisões sobre fluxo de caixa, análises de sazonalidade, previsões orçamentárias etc.
Não existe fórmula do sucesso, e sim muito trabalho, dedicação e perseverança para que sua empresa esteja sempre atualizada e sintoni-

zada com o mercado.

Na próxima vez em que você for cortar o cabelo, olhe para a sua empresa e veja qual detalhe precisa ser aparado ou melhorado e faça. Se forem muitos os detalhes, comece! Afinal, uma caminhada de mil léguas se inicia com o primeiro passo.

ESPAÇO PARA ANOTAÇÕES

SOBRE O AUTOR

Douglas Gomes Filho, é contador e administrador de empresas formado pela Universidade de Sorocaba.

Com especializações:

*Harvard Business School - em finanças e valuation (Leading with Finance),

*MIT Sloan School of Management - em plataformas digitais (Digital Transformation),

*Wharton School - em contabilidade, finanças e recursos humanos (Accounting and Finance Analytics - People Analytics)

*Saint Paul Escola de Negócios - em avaliação de empresas e balanced scorecard (Valuation and Balanced Scorecard)

*Fundação Dom Cabral - em gestão empresarial PAEX (Parceiros para Excelência)

Profissionalmente atua como contador e administrador de empresas a 30 anos. Exerce o cargo de Diretor Conselheiro da DGA Office empresa de consultoria e BPO (Co-fundador). Atua como Advisor de Investment Banking em processos de fusões/aquisições e restruturação empresarial. Exerceu o cargo de Diretor de Planejamento Estratégico e Vice-Presidente no Banco Petra S/A. Exerceu o cargo de Consultor Voluntário da Federação das Indústrias do Estado de São Paulo – FIESP onde elaborou a proposta de alteração à Lei do Simples Nacional.

FICHA TÉCNICA

Autor |	Douglas Gomes Filho
Capa e Diagramação |	Vandré Amilcar B. Queiroz
Ilustração |	Rafael Augusto Camargo / Vandré Amilcar B. Queiroz

www.ingramcontent.com/pod-product-compliance
Lightning Source LLC
La Vergne TN
LVHW050856051026
849532LV00006BA/2272
* 9 7 8 6 5 9 0 2 3 1 5 0 5 *